OPEN HOUSE OSAKA 2023

生きた建築ミュージアム
フェスティバル大阪
2023

公式ガイドブック
OFFICIAL GUIDE BOOK

生きた建築ミュージアム大阪実行委員会

大阪のあの建物／場所

柴崎友香 (小説家)

「生きた建築ミュージアム・大阪セレクション」2期が選定されたとのことで、とてもよろこばしい。

「生きた建築」の「生きた」は、今も実際に大阪の街の中で使われているということであるが、大阪で生まれ育って30年を過ごし、そして離れて20年になろうとする私には、「私がその場所を生きた」建築として響いてくる。第1期にも第2期にも選定されている中に思い入れのある建物がたくさんある。ありすぎて何について書くか悩ましい限りだが、どうにか3つ、取り上げてみようと思う。

難波までバスか自転車で20分ほどの環境で育った私には、やはり「ミナミ」が馴染みである。子供のころに大人に連れられて訪れた髙島屋、大丸、そごうときらびやかな百貨店、賑わいつつもゆるい雰囲気のある道頓堀、それらをつなぐ心斎橋筋商店街から戎橋商店街。中学生になって友人たちと映画に行き、高校の帰りに自転車でアメリカ村へ通い、大学は難波で御堂筋線に乗り換え、その後4年近く西心斎橋の会社に勤めた。大阪で生きた私の時間の多くは難波～心斎橋周辺にあったわけである。

第2期のリストで真っ先に目に飛び込んできたのは「なんばパークス」である。大阪に住んでいた30年の最後期に開業したこの場所が、私はとても好きだ。新歌舞伎座の裏でバスを降りて南に歩くと、階段状になった建築によって視線が上へと誘導され、抜けた空間にちょっとした丘にも見える木々の緑に心が安らぐ。

なんばパークス

なんばパークス

グランドキャニオンを模したカーブを描く谷間を歩くときのちょっと異世界に入る感覚。円形に配置されたフロアのガラス張りの部分から向かい側のガラス越しに買い物をしたりひと休みしたりしている人たちを見るとき、人が集い、すれ違う都市の楽しさを味わうことができる。多方向に道が通じ、開けた眺めと陰になった落ち着く場所が両方あって、街歩きのよろこびが凝縮されている。

なんばパークスができる前、ここには大阪球場があった。南海ホークスの本拠地として愛されながら、その建物内にはアイススケートリンクがあり卓球場があり、古書店街があって、特に古書店街にはよく行った。住宅展示場になっていたり劇場があったりした時期もよく覚えている。円形の建物にいろんな世界が詰まっていた、ミナミ全体の雑多な雰囲気にもつながる感じを、なんばパークスは引き継いでいるように思う。

碁盤の目の大阪の街にあって、南海電車の線路とターミナルによってできた渦巻き的な土地が、建築の曲線と響き合い、独特の景観になっている。

そして、屋上庭園がすごくよい。「近未来都市」という言葉で私が連想するのは、チューブ状の通路や空飛ぶ車よりも、なぜか屋上庭園や高層ビルの上や壁面がジャングルのように緑に覆われた光景である。だから、なんばパークスは完成予想図を見たときから楽しみで仕方なかったし、それから時間が経って樹木や植物が成長して緑

ビッグステップ

の少ない大阪で貴重な場所になっているのはなによりうれしい。

今回のリストに入っているビッグステップも、完成当初から馴染み深い建物だが、思い出してみると、建物を通り抜けることができて街の一部になっていたとしみじみ思う。地下へ降りる大きな階段と、上階へ向かう円形のエスカレータが街に向かって開かれていて、さらに渡り廊下からも様々な角度で建物の内側と外側の街が眺められた。

都市の路地や自分だけの抜け道を発見する楽しさ、建物の中でも立つ位置によって風景が変わり、人の流れと偶然の出会いが生じる場所が私は好きなのだと思う。

大阪ステーションシティもまさにこの人の流れと偶然性が層になって眺められる、都市の

象徴のような場所としてすばらし
い。私は街と人とが心底好きな
のだと、このような場所に立つと
実感する。

　２つめもまた、私の大阪での
生活にいつもあった建物、新桜
川ビルである。

　自宅から難波へ向かうバスは、
必ずこの前を通る。自転車でも
たいてい通る。行きと帰り、足し
てみると数千回もこの特徴的な
建物を見てきたはずだ。

新桜川ビル

　しかし、中に入ったことは一度もなかったし、どのような建物かも、1953年築と長い歴史
があることも知らなかった。

　知ったのは、リノベーションされた記事を見たときだった。それまではてっきり、すぐそばを
走る阪神高速の高架のカーブに合わせて丸みが作られたのだと思っていたが、この建物
のほうが先だったことに驚いた。

　市場と賃貸住宅が併設された当時の先進的な建物で、だからこそ長く引き継がれてき
たのだと、リノベーションの記事を読んで得心した。そして、その先進的な試みと空間を
今の時代につなげて、新しく若い世代が集える場所になったことに感銘を受けた。

　「生きた建築ミュージアム・大阪セレクション」の建物には、伝統的な建築、戦前の立
派な近代建築、あるいは名のある建築家の有名な作品としての貴重な建築がもちろん
多くあるが、それだけではないのが大きな特長だと思う。地元の企業の個性ある建築、街
の人に愛されてきた建築、新しくランドマークになったり、楽しみを増やしてくれる建築、多
くの企業と人々が協力し合って作り上げた建築などが含まれる。多様な建物の価値を語
り、人を集め、受け継いでいくために重要な役割を果たしている。それがなによりも「生き
た建築」と名づけられている意味であり、今、大阪で暮らす人、大阪を訪れる人が実際に
その建築に触れ、生活したり働
いたり楽しんだりしていることを大
切にしているからだと思う。

　長らく地元に馴染んで多くの
人が携わって来た建物が、今ま
た改装されることで注目され、そ
の建築から周辺の街へと歴史と
人とが結び直されていく。新桜川
ビルはその一つの象徴であるよ
うに思う。

新桜川ビル

最後は、相互タクシー北新地のりば。

このとても小さな建築を選んだのは、大都市の貴重な建築を選定するときにこれを選んでくれるのは「生きた建築ミュージアム・大阪セレクション」しかない、と感動したからである。

相互タクシー北新地のりば

名前を見てもぱっと思い浮かばないかもしれない。私もどこだろうと検索してみて、写真を見た瞬間に、今までの記憶の中の光景がぱっといくつも浮かんできた。

夜の北新地の片隅で小さな灯火のように光っている、あのタクシー乗り場。ひっそりとしつつも、なにか愛らしさと大阪らしい親しみがある丸みのあるガラス窓。意識していたわけではないのに、その風景は確かに自分の中に焼きついている。

相互タクシー南のりば

私にとってより馴染みがあるのは道頓堀のほうだろうか。タクシー会社の社長さんがデザインしたという、個性的で好きなことをやってみる大阪らしいエピソードを持つこの小さな建築は、現存するのは北新地と道頓堀の2か所だけだという。

これほどに新しい建物が建ち、街の風景が大きく変わって行く中で、このささやかな場所が行き交う人々の心にぽっと灯り続けていることを、それが大阪の街であることを、誇らしく思う。

私は大阪の街を一度離れたことで大阪の街と建築の魅力と貴重さにあらためて気づき、そして「生きた建築ミュージアム・大阪セレクション」を通じて大阪にこれほど貴重で愛着を持たれている建築があると知ることができた。

「生きた建築ミュージアム・大阪セレクション」に選定された建築から、いっそう、大阪の人と場所のつながりが広がっていくのだと想像すると、ほんとうにうれしい。

柴崎友香（しばさき・ともか）　1973年大阪市生まれ。小説家。会社員を経て、1999年作家デビュー。以来、大阪や京都、東京などを舞台に何気ない風景と日常をていねいに描写する。2010年『寝ても覚めても』第32回野間文芸新人賞受賞、2014年『春の庭』第15回芥川龍之介賞受賞。そのほかの主な著書に『きょうのできごと』、『その街の今は』、『わたしがいなかった街で』、『千の扉』『待ち遠しい』、『百年と一日』など。社会学者・小説家の岸政彦との共著『大阪』では、「生きた建築ミュージアム」についても触れている。

Message on Holding the 10th Open House Osaka

Mr. HASHIZUME Shinya

Chairperson for Open House Osaka Committee,
Organization for Research Promotion Professor, Osaka Metropolitan University

Firstly, this year commemorates the 10th anniversary milestone of the *Ikefes Osaka* (also referred to as Open House Osaka). This festival started in 2014, and the vision centered on showcasing Osaka as one large museum. With cooperation from building owners and professional architects, the Open House Osaka is held for a 2-day period that features access to "living architecture" buildings and structures located in Osaka, which makes it Japan's largest architectural event that is open to the public. Thanks to the collaborative efforts from countless individuals, this event has become well-renowned as the Open House Osaka.

Every year, it is so wonderful to see a rise in the number of participant buildings for this event. Back in 2015, the 2nd Open House Osaka introduced 95 buildings and 120 programs, where about 30,000 people attended. During the COVID-19 pandemic, the Open House Osaka was held virtually. But in 2022, we were able to restart as an in-person event, which introduced 138 buildings and 182 programs. As a result, 50,000 people attended last year's event and they were able to experience a variety of activities during this special 2-day event.

To mark this 10th occurrence, I wanted to share some big news with you. The Open House Osaka from 2016 and after was previously organized by the Open House Osaka Committee. On this occasion, I am pleased to inform you that we have established a general incorporated association, where operations of the Open House Osaka project will successfully be transitioned to this association. Henceforth, we truly look forward to offering you not only the Open House Osaka in autumn, but other annual programs that correlate to living architecture as well.

As 2023 is the 10th year, we are honored to collaborate with many building owners and professional architects, which has granted us the opportunity to prepare a diverse program comprising special openings, workshops, lectures, and more. We would be delighted that for this coming autumn, you can fully enjoy a special 2-day Open House Osaka that highlights exquisite architectural venues.

To conclude, I genuinely hope that this festival of the Open House Osaka can promote a greater appreciation for architecture, and also further resonate in the people to feel proud and gratified of living in Osaka, our beautiful city.

10年目のイケフェス大阪に寄せて

橋爪紳也

生きた建築ミュージアムフェスティバル大阪実行委員長
大阪公立大学研究推進機構特別教授

イケフェス大阪は、今年で10回目の節目となります。

2014年、「生きた建築ミュージアムフェスティバル大阪」がスタートしました。大阪をひとつの大きなミュージアムと捉え、建物所有者や建築関係者の協力を得て、2日間限定で魅力ある「生きた建築」を特別に公開していただく、日本最大級の建築一斉公開イベントです。多くの方の協力と連携を得て、「イケフェス大阪」の愛称とともに親しまれるようになりました。

毎年、参加いただく建物が増えているのは嬉しい限りです。第2回の2015年には95建物、120プログラム、延べ約3万人の方に参加いただきました。コロナ禍のWEB開催を経て、2022年にはリアル公開を本格的に再開、138建物を公開、182プログラムを提供いただき、延べ約5万人の皆様に「特別な2日間」を体験いただくことができました。

10回目を迎えるにあたって、皆様にご報告することがあります。イケフェス大阪は、2016年以降は「生きた建築ミュージアム大阪実行委員会」が主催してきましたが、このたび一般社団法人を設立、事業を移行することになりました。今後は秋のイケフェス大阪のほかにも、年間を通して、「生きた建築」に親しんでいただくプログラムを提供していきたいと考えています。

10回目となる2023年も、多くの建築所有者、関係者のご協力を得て、特別公開やワークショップ、講演会など多彩なプログラムを用意することができました。大阪の秋、恒例となった「特別な2日間」を楽しんでいただければ幸いです。

イケフェス大阪を通じて、「建築愛」を高め、ひいては私たちが日々、暮らしている大阪という街に誇りと愛情、いわば「大阪愛」を高める機会となることを願っています。

イケフェス大阪 10年のあゆみ

開催回	開催年	参加者数（延べ）	参加建物数	プログラム数	ボランティア活動人数
	2012（H23）				
	2013（H24）	未計測	14	10	—
第1回	2014（H25）	約1万人	55	77	—
第2回	2015（H27）	約3万人	95	120	53
第3回	2016（H28）	約3万7千人	76	109	73
第4回	2017（H29）	約3万人	101	135	98
第5回	2011（H30）	約4万3千人	113	151	126
第6回	2019（H31）	約5万人	169	223	122
第7回	2020（R2）	約6万7千人*	118	143	—
第8回	2021（R3）	約3万7千人*	153	175	—
第9回	2022（R4）	約5万人	168	182	114
第10回	2023（R5）				

*第7回・第8回の参加人数はホームページの閲覧数（PV）

数字で見るあゆみ

イケフェス大阪では第3回（2016年）以降、毎回
来場者へのアンケートを実施してきました。
第7回（2020年）はオンラインでの開催、第8回
（2021年）はオンライン＋限定的なリアル開催でし
たが、イベントを通して大阪というまちへの関心が
高まったり、イベント自体にも満足していただいて、
継続的な参加者が多いこともわかります。

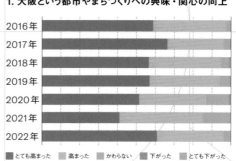

1. 大阪という都市やまちづくりへの興味・関心の向上

2016年
2017年
2018年
2019年
2020年
2021年
2022年

とても高まった　高まった　かわらない　下がった　とても下がった

主なトピック

- 大阪市において「生きた建築ミュージアム事業」がスタート

- 船場・中之島・御堂筋周辺など都心部を中心に、
  大阪市「生きた建築ミュージアム・大阪セレクション」の選定を開始

- 2013年の実証実験を経て、生きた建築を「活用」した建物公開イベント
  「生きた建築ミュージアムフェスティバル大阪（イケフェス大阪）」を開催（第1回、主催：大阪市）
- 大阪市「生きた建築ミュージアム・大阪セレクション」50件の選定完了

- 大阪市と民間（建物所有企業・有識者等）による「生きた建築ミュージアム大阪実行委員会」が発足
- 民間主体の実行委員会主催で「イケフェス大阪」を継続

- イケフェス大阪をはじめとする、「生きた建築ミュージアム事業」での取組みが、
  建築文化の振興に寄与する優れた業績として評価され、日本建築学会賞（業績賞）を受賞

- オープンハウスワールドワイド（ロンドンを中心とする建築公開イベントの国際的なネットワーク）への加盟
  日本の都市では初

- コロナウィルス感染防止の観点から、WEBプログラムを中心とするイケフェス大阪を開催
  動画やトークライブの配信など、はじめての試みとなるバーチャルな建物公開イベントを実施

- 『はじめての建築01 大阪市中央公会堂（生きた建築ミュージアム大阪実行委員会発行）』がグッドデザイン賞を
  受賞（全てのカテゴリーから100点だけが選出される「BEST100」にも選出）

- 3年ぶりに、イケフェス大阪を通常開催

- イケフェス大阪をはじめとする、「生きた建築」の魅力の浸透、理解の広がりを受け、大阪市が市域全域を対象に
  「生きた建築ミュージアム・大阪セレクション」（第2期）47件を追加選定
- 過去最大の170以上の建物の参加を経て、第10回目の「イケフェス大阪2023」の開催を迎える

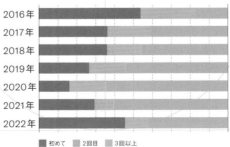

2. イケフェス大阪の満足度

2016年
2017年
2018年
2019年
2020年
2021年
2022年

■ とても満足　■ 満足　■ わからない　■ 不満　■ とても不満

3. イケフェス大阪への参加回数

2016年
2017年
2018年
2019年
2020年
2021年
2022年

■ 初めて　■ 2回目　■ 3回以上

生きた建築ミュージアム・大阪セレクション

大阪市では、まちを1つの大きなミュージアムを捉え、そこに存在する「生きた建築」を通した、大阪の新しい魅力を創造・発信する「生きた建築ミュージアム事業」を進めています。

「生きた建築」とは、『ある時代の歴史・文化、市民の暮らしぶりといった都市の営みの証であり、様々な形で変化・発展しながら、今も生き生きとその魅力を物語る建築物等』をいう新たな概念として、事業の中で定義したものです。

「大阪セレクション」は、この概念を広く発信することを目的に選定するもので、事業開始当初（平成25・26年度）に、御堂筋及びその周辺を中心とする都心エリアに限定して50件を選定しています。

当初選定から10年が経過し、イケフェス大阪も日本最大級の建築一斉特別公開イベントへと成長するなど、「生きた建築」の概念は広がりを見せつつあります。

そうしたことも踏まえ、市域全域にエリアを拡げ、より一層、時代の流れや多様で豊かな大阪という都市の物語性を表出する建築物等47件を追加選定し、大阪セレクションは、97件になりました。

イケフェス大阪は、大阪セレクションをはじめとする生きた建築の魅力に触れていただくことを目的に、事業の一環として2014（平成25）年にスタートし、今回で10回目を迎えます。

この秋の週末2日間、生きた建築空間を体感して、お気に入りの大阪セレクションを見つけてください。

NTTテレパーク堂島

新大阪駅

南堀江髙橋ビル［旧ミュゼ大阪］

中西金属工業株式会社社屋

大阪セレクション選定一覧

当初選定（50件）

通天閣
梅田スカイビル（新梅田シティ）
大阪倶楽部
中央電気倶楽部
リーチバー（リーガロイヤルホテル）
堂島サンボア　バー
マヅラ（大阪駅前第1ビル）
大阪ガスビル
日本生命保険相互会社本館
御堂ビル［竹中工務店大阪本店］
御堂筋ダイビル
本願寺津村別院［北御堂］
ダイビル本館
三井住友銀行大阪本店ビル
ルボンドシエルビル［大林組旧本店］
北浜レトロビルヂング
江戸堀コダマビル［旧児玉竹次郎邸］
日本聖公会川口基督教会
大阪証券取引所ビル
生駒ビルヂング
武田道修町ビル
船場ビルディング
原田産業株式会社大阪本社ビル
新井ビル
青山ビル
伏見ビル
堺筋倶楽部
大阪商工信用金庫本店ビル［旧日本町ビルディング］
輸出繊維会館
芝川ビル
北野家住宅
清水猛商店
長瀬産業株式会社大阪本社ビル
日本基督教団大阪教会
今橋ビルヂング［旧大阪市中央消防署今橋出張所］
大丸心斎橋店本館
南海ビル［髙島屋大阪店ほか］
髙島屋東別館
純喫茶アメリカン
ギャラリー再会
食道園宗右衛門町本店ビル
味園ユニバースビル
浪花組本社ビル
オーガニックビル
船場センタービル
阪急三番街
梅田吸気塔
スリープカプセル（カプセルイン大阪）
西長堀アパート
グランサンクタス淀屋橋

第2期選定（47件）

中西金属工業株式会社 社屋
北浜長屋
鯛よし百番
日本基督教団南大阪教会
住友倉庫大阪支店川口倉庫
大阪農林会館
寺西家阿倍野長屋
中谷運輸築港ビル［旧商船三井築港ビル］
大阪公立大学杉本キャンパス［旧大阪商科大学］
ミナミ株式会社［旧川崎貯蓄銀行 福島出張所］
久金属工業株式会社 社屋
天満屋ビル
源ヶ橋温泉
はり重道頓堀本店
相互タクシー北新地のりば
フジカワビル
立体最小限住居 No.32
新桜川ビル
NTTテレパーク堂島
住友ビルディング
新大阪駅
リバーサイドビルディング
リーガロイヤルホテル
自安寺
OMM
北浜ネクスビルディング［旧大阪大林ビル］
一心寺
ガラスブロックの家
HEP
シェラトン都ホテル大阪
淀屋橋竹村ビル
クリスタルタワー
K2ビルディング
BAR川名
心斎橋ビッグステップ
大阪ガス実験集合住宅NEXT21
大同生命大阪本社ビル
日本橋の家
南堀江髙橋ビル［旧ミュゼ大阪］
日ノ下商店ビル
なんばパークス
大阪弁護士会館
大阪富国生命ビル
大阪ステーションシティ
中之島フェスティバルシティ
日本圧着端子製造株式会社
あべのハルカス

●● **太字**はイケフェス大阪2023公開建物
● 各建物の詳しい解説や、多様で豊かな大阪の都市の物語は、大阪市のホームページでご覧いただけます。 https://onl.tw/hsbgNAg

Contents

プログラム紹介

設計事務所連携企画

セッケイ・ロード ～建築と街の未来へつづく道～

生きた建築オーナーインタビュー

わたしたちがこの場所を守る理由

Happy Anniversary 2023

今年は10回目の開催となる記念回、生きた建築ミュージアムフェスティバル大阪2023間もなく始まります！

イベント概要

名称：生きた建築ミュージアムフェスティバル大阪（イケフェス大阪）2023
　　　（英語名称：OPEN HOUSE OSAKA 2023）
開催日：メイン期間 2023年10月28日（土）、10月29日（日）
参加建物等：173（2023年9月1日時点）　　参加費：無料

公式ホームページ 　　公式X（旧Twitter）
https://ikenchiku.jp　　@ikitakenchiku

プログラム参加方法について

イケフェス大阪のプログラムは大きく4つのタイプがあります。
① 普段は入ることができない内部等を自由に見学できる「**特別公開**」
② 建物所有者等の案内で、建物内をめぐる「**ガイドツアー**」
③ テーマに沿って、専門家の解説を受けながら、複数の生きた建築をめぐる「**スペシャルツアー**」
④ トークセミナーやワークショップ、休日特別開館など、「**その他のプログラム**」

具体的な内容（開催日時、参加条件、事前申込の要・不要など）や注意事項は、建物ごと・プログラムごとに異なります。
このガイドブックで気になる建物・プログラムを見つけたら、必ず、公式ホームページで詳細をご確認ください。

事前申込が必要なプログラムについて

● イケフェス大阪のプログラムのほとんどは申込不要で参加いただけます。ただし、混雑時等には入場を制限・お断わりすることや、予告なく終了時間を変更する場合があります。予めご了承ください。また、 当日先着 のプログラムでは整理券などが配布される場合もあります。

● 要申込 のプログラムの申込先は、実施主体等によって「公式ホームページ」と「それ以外」に分かれます。それぞれ、申込期間や結果通知方法などが異なりますのでお気をつけください。間違った申込先、不備のある内容、期間を過ぎてからのお申込は無効とさせていただきます。また、定員を超えるお申込をいただいた場合は、原則、抽選となります。予めご了承ください。

「公式ホームページ」からの事前申込受付期間	ガイドブック発売開始日〜2023年10月16日（月）正午

※上記以外の事前申込プログラムについては、それぞれの詳細をご確認ください。
※事前申込には、毎年多数のお申込をいただいております。当選後のキャンセルや無断欠席はお避け下さい。また当選の権利の売買は固く禁止します。
※ご登録いただいた内容は、本人様への連絡やプログラム実施に必要な範囲で利用させていただくほか、当実行委員会が行う個人を特定できない統計的な分析等に使用させていただくことがあります。ご了承ください。

お願いと注意事項

イケフェス大阪は、建物等の所有者・関係者さまのご厚意とご協力により成立しているイベントです。来年以降の継続開催のため、マナー・ルールを守ってご参加ください。

普段は一般公開されていない建物内部をイケフェス大阪で特別に公開いただいています。そのため、**参加建物であっても、イケフェス大阪のプログラム以外で許可なく立ち入らないでください**。また、**立入り禁止の場所・公開されていない部分には入らない・撮影しない**でください。違法行為として処罰されることがあります。

プログラム参加・建物見学等の基本的なマナーの徹底

- スタッフやボランティア、建物関係者の指示に沿ってお楽しみください。指示を守っていただけない場合は参加をお断りします。
- テナントビルの場合は、お仕事中の方がいらっしゃる場合がありますので、お静かに見学ください。また、店舗等を除き、無断での入室は絶対にお止めください。
- イケフェス大阪2023での公開等について、建物への直接のお問い合わせはご遠慮ください。

写真撮影等のルールの遵守

- 建物によっては、撮影禁止の場所があります。また撮影可能でもSNSやHPへの掲載を禁止している場合もあります。建物ごとのルールを守ってお楽しみください。長時間の撮影や、三脚等を使用した撮影など、建物や他の参加者の迷惑となる行為はおやめください。
- モデルの撮影など、**建物見学以外を目的とする写真撮影**は固くお断りします。

配信映像等のダウンロード等の禁止

- 特別に許可されている場合を除き、公式ホームページで公開されている動画や画像等のダウンロード、コピー、二次使用はできません。違法行為として処罰されることがありますので、絶対におやめください。

プログラム等の中止・変更

- 参加建物等及びプログラム等は、予告なく中止・変更する場合があります。予めご了承ください。最新の情報は、公式ホームページ、公式ツイッターで随時お知らせいたしますのでご確認をお願いします。

取材

- 取材を希望される場合は、事前に実行委員会info@ikenchiku.jpにご連絡ください。

大阪の生きた建築を体験する、
Experience a special two-day event featuring Osaka's most

アートアンドクラフト 大阪ショウルーム＆オフィス／i-Mall（医誠会国際総合病院／扇町ミュージアムキューブ）／青山ビル／アジア太平洋トレードセンター[ATC]／新井ビル／ARCHITEKTON -the villa tennouji-／池辺陽 立体最小限住宅No.32／生駒ビルヂング[生駒時計店]／サービスオフィス北浜T4B／一心寺／今橋ビルヂング[旧大阪市中央消防署今橋出張所]／上町荘[design SU 一級建築士事務所＋YAP一級建築士事務所]／梲家／梅田スカイビル（新梅田シティ）／浦辺設計／ABC本社ビル／江戸堀コダマビル[旧児玉竹次郎邸]／遠藤克彦建築研究所大阪オフィス（江戸堀ウエストビル）／大江ビルヂング／OMM[旧大阪マーチャンダイズ・マートビル]／オーガニックビル／大阪ガス実験集合住宅NEXT21／大阪ガスビルディング／大阪倶楽部／大阪公立大学 杉本キャンパス／大阪国際平和センター[ピースおおさか]／大阪市下水道科学館／大阪市中央公会堂／大阪写真会館（Time & Style Osaka）／大阪証券取引所ビル／大阪商工会議所／大阪商工信用金庫本店ビル／大阪市立住まいのミュージアム[大阪くらしの今昔館]／大阪ステーションシティ／大阪大学待兼山修学館／大阪中之島美術館／大阪農林会館／大阪富国生命ビル／大阪府庁 本館／大阪府服部緑地都市緑化植物園 花と緑の相談所／大阪府立江之子島文化芸術創造センター／大阪府立国際会議場／大阪府立狭山池博物館／大阪府立中之島図書館／大阪弁護士会館／大阪歴史博物館／大塚グループ大阪本社 大阪ビル／オービック御堂筋ビル／小川香料株式会社 大阪支店／オリックス本町ビル／株式会社モリサワ本社ビル／ガラスブロックの家／関西大学千里山キャンパス／北浜長屋／北浜レトロビルヂング[北浜レトロ]／北村商店 一番蔵／ギャラリー再会／旧緒方洪庵住宅[適塾]／旧河崎經吉邸／旧小西家住宅史料館／近畿大学アカデミックシアター／King of Kings（大阪駅前第1ビル）／久米設計大阪支社／グランサンクタス淀橋／グランドサロン十三／グランドプリンスホテル大阪ベイ（エタニティ・凛-rin-）／グランフロント大阪／クリスタルタワー／K2ビルディング／源ヶ橋温泉浴場／光世証券本社ビル／鴻池組旧本店洋館・和館／ザ・ガーデンオリエンタル・大阪[旧大阪市長公館]／西光寺／堺筋倶楽部／SAKAINOMA HOTEL 濱[旧福井邸]／自安寺／シェラトン都ホテル大阪／ジオ-グラフィック・デザイン・ラボ／芝川ビル／昭和設計本社／食道園宗右衛門町本店ビル／心斎橋ビッグステップ／新桜川ビル／住友倉庫大阪支店川口倉庫／住友ビルディング／

特別な2日間。
exquisite living architecture.

スリープカプセル（カプセルイン大阪）／船場センタービル／船場ビルディング／大成閣／大同生命大阪本社ビル／ダイビル本館／大丸心斎橋店本館／鯛よし百番／髙島屋東別館／武田道修町ビル［旧武田長兵衛商店本店社屋・旧武田薬品本社ビル］／田辺三菱製薬株式会社 本社ビル／中央工学校OSAKA一号館／通天閣／鶴身印刷所／寺田町プレイス1／寺西家阿倍野長屋／天満屋ビル／堂島サンボア／堂島ビルヂング／東畑建築事務所 本部・本社オフィス大阪／井池繊維会館［ドブカン］／長瀬産業株式会社 大阪本社ビル／中谷運輸築港ビル［旧商船三井築港ビル］／中之島フェスティバルタワー・ウエスト／中之島三井ビルディング／浪花組本社ビル／なんばパークス／西尾レントオール R&D国際交流センター／西尾レントオール咲洲モリーナ／日建設計大阪オフィス／日本圧着端子製造株式会社／日本圧着端子製造株式会社 大阪技術センター別館 -Kahdeksankulmio-／日本基督教団大阪教会／日本基督教団天満教会／日本基督教団浪花教会／日本基督教団南大阪教会／日本銀行大阪支店／日本聖公会川口基督教会／日本生命保険相互会社本館／日本生命淀屋橋ビル／日本設計関西支社／日本橋の家／日本民家集落博物館／BAR川名／浜寺公園駅駅舎／原田産業株式会社 大阪本社ビル／はり重道頓堀本店／久金属工業株式会社／日ノ下商店ビル／フジカワビル／藤田美術館／伏見ビル／伏見町 旧宗田家住居［CuteGlass Shop and Gallery］／ブリーゼタワー／β本町橋／本願寺津村別院［北御堂］／マヅラ（大阪駅前第1ビル）／三木楽器開成館／ミズノイノベーションセンター［MIZUNO ENGINE］／水の館ホール・鶴見スポーツセンター／光井純＆アソシエーツ建築設計事務所 関西オフィス／三井住友銀行大阪中央支店・天満橋支店／三井住友銀行大阪本店ビル／三菱UFJ銀行大阪ビル本館／御堂ビル［竹中工務店大阪本店］／ミナミ株式会社［旧川崎貯蓄銀行 福島出張所］／ミライザ大阪城／綿業会館／森ノ宮医療大学 南棟［キャナルポート］／もりのみやキューズモールBASE／安井建築設計事務所 本社・大阪事務所／山本能楽堂／輸出繊維会館／淀屋橋竹村ビル／リーガロイヤルホテル／リーチバー（リーガロイヤルホテル）／リバーサイドビルディング／ルポンドシエルビル［大林組旧本店］／逢坂会所ポンプ施設／金蔵／中之島橋梁群／寝屋川北部地下河川守口立坑／阪急電鉄京都線・千里線連続立体交差事業／平野下水処理場／舞洲スラッジセンター／御堂筋／太閤（背割）下水

建物インデックス

大阪の都市施設

N

I キタエリア
→
P.22
P.23

II 船場・中之島エリア
→
P.28
P.29

III 西船場・川口エリア
→
P.64

VI 大阪城周辺エリア
→
P.82

IV 南船場・ミナミ①エリア
→
P.66

VII 湾岸エリア
↙
P.92

V ミナミ②・新世界エリア
→
P.72
P.73

トイレ　　カフェ・食事　　お買い物

ライトアップ　　車椅子対応

内観撮影不可　　内観一部撮影不可

生きた建築ミュージアム・大阪セレクション

VIII 文の里・天下茶屋 P.96

21

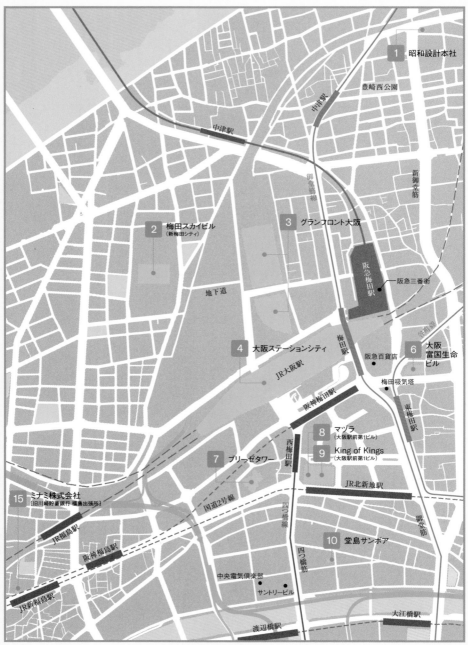

1 昭和設計本社

豊崎西公園

中津駅

中津駅

御堂筋線

新御堂筋

2 梅田スカイビル
〈新梅田シティ〉

3 グランフロント大阪

地下道

阪急梅田駅

阪急三番街

4 大阪ステーションシティ

梅田駅

JR大阪駅

6 大阪富国生命ビル

阪急百貨店

梅田吸気塔

東梅田駅

阪神梅田駅

8 マヅラ
〈大阪駅前第1ビル〉

9 King of Kings
〈大阪駅前第1ビル〉

7 ブリーゼタワー

西梅田駅

JR北新地駅

15 ミナミ株式会社
〈旧川崎貯蓄銀行 福島出張所〉

JR福島駅

国道2号線

四つ橋線

御堂筋

阪神福島駅

10 堂島サンボア

四つ橋筋

JR新福島駅

中央電気倶楽部

サントリービル

大江橋駅

渡辺橋駅

↓ II 船場・中之島エリア P.28

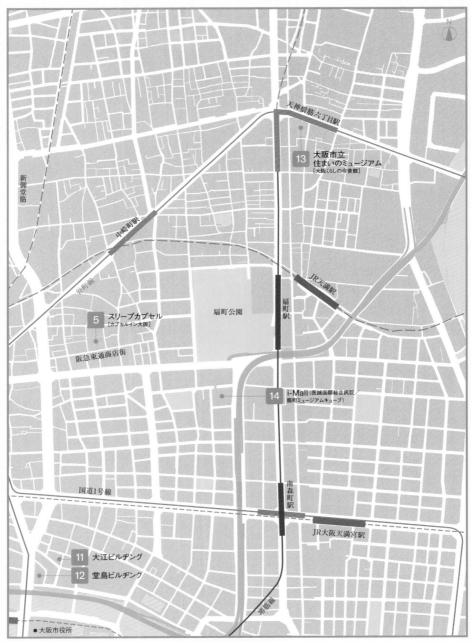

13 大阪市立
住まいのミュージアム
【大阪くらしの今昔館】

天神橋筋六丁目駅

新御堂筋

中崎町駅

谷町線

JR天満駅

5 スリープカプセル
【カプセルイン大阪】

扇町公園

扇町駅

阪急東通商店街

14 i-Mall（医誠国際総合病院／
扇町ミュージアムキューブ）

国道1号線

南森町駅

JR大阪天満宮駅

11 大江ビルヂング

12 堂島ビルヂング

堂島川

● 大阪市役所

↓ Ⅱ 船場・中之島エリア P.29

1 昭和設計本社

昭和設計が設計した建築を、すでにあなたも目にしているはず。そう言えるくらい、数多くの学校、病院、オフィス、集合住宅、レジャー施設から再開発に至るまで、大阪を基盤に実現させてきた。その歩みは社会の歩みでもある。

所在地　北区豊崎4-12-10　創業年 1957年

特別公開
近年の作品展示と、工作ワークショップを行います。

日時＝10月28日（土）11時〜17時
　　　　10月29日（日）10時〜16時
定員＝なし

2 梅田スカイビル
（新梅田シティ）

シルエットですぐにそれと分かる。そんな建築が日本にどれだけあるだろう？ 建築家の原広司に設計を託して、近くで見ても多様な造形。2棟をつなぐ部分は地上で建設され、1日で持ち上げられた。建設技術もすごい。

所在地　北区大淀中1-1-88　建設年 1993年
設計　原広司＋アトリエ・ファイ建築研究所

ガイドツアー　　　　　　　　　要申込
非公開エリアのアートギャラリーや空中ブリッジなどを巡ります。空中庭園展望台も特別ご招待！

日時＝10月28日（土）13時〜（60分）
定員＝15名／案内人＝ガイドツアー担当者

3 グランフロント大阪

「まちびらき10周年」を迎え、話題の新店舗がオープンするなど進化を続けるグランフロント大阪。街の玄関口「うめきた広場」、街の顔となる「南館」、ナレッジキャピタルを擁する「北館」が複合し、季節を感じるイベントなども多彩に展開している。

所在地　北区大深町4-1（うめきた広場）、4-20（南館）、3-1（北館）
建設年 2013年
設計　　日建設計・三菱地所設計・NTTファシリティーズ

ワークショップ「みつけよう！けんちく＠　要申込
グランフロント大阪2023」
日時＝10月29日（日）10時〜（120分）
定員＝15名

4 大阪ステーションシティ

南北のビルがホームの上の幅広い通路で結ばれ、その上部の「時空（とき）の広場」から発着する電車も、行き交う人々も眺めることができる。約180m×約100mもの大屋根によって、便利で自然な環境が実現された。

所在地　北区梅田3-1-1, 3　建設年 2011年
設計　西日本旅客鉄道株式会社

ガイドツアー　　　　　　　　　要申込
日時＝10月28日（土）10時〜（90分）
定員＝20名

5 スリープカプセル
[カプセルイン大阪]

都会的な宿泊施設として今、注目されているカプセルホテル。その第1号がここ。考案者が黒川紀章に設計させた最初のスリープカプセルが健在だ。曲面の構成や手元で操作できる機械類など、未来のイメージが新鮮。

所在地 北区堂山町9-5　建設年 1979年
設計 黒川紀章建築都市設計事務所

トークセミナー　　要申込

世界的建築家黒川紀章の魅力に迫るセミナー
日時＝10月21日（土）12時〜（90分）
定員＝25名
講師＝倉方俊輔（大阪公立大学教授）

6 大阪富国生命ビル

フランスの世界的建築家ドミニク・ペローの発想から作られた。彼にとっては、複雑な地下街と接続する超高層ビルという条件が新鮮で、したがって、それをつなぐ吹き抜けに力が注がれた。外観は樹木になぞらえたもの。

所在地 北区小松原町2-4　建設年 2010年
設計 清水建設株式会社、ドミニクペロー

ガイドツアー　　要申込

日時＝10月28日（土）
　　　①10時〜 ②11時30分〜（各60分）
定員＝各15名
案内人＝前田茂樹

7 ブリーゼタワー

サンケイビルの跡地に建つ超高層ビルは、国際コンペの名だたる建築家の中から、若手ドイツ人建築家がデザインアーキテクトに選ばれ話題に。東京五輪のロゴをデザインした野老朝雄氏が関わるなど見どころも多い。

所在地 北区梅田2-4-9　建設年 2008年
デザインアーキテクト クリストフ・インゲンホーフェン

ガイドツアー　　当日先着

日時＝10月28日（土）・29日（日）両日とも
　　　①11時〜 ②13時〜（各70分）
定員＝各15名

8 マヅラ（大阪駅前第1ビル）

そのデザインから近年再評価の著しい喫茶店「マヅラ」のコンセプトはずばり「宇宙」。1970年という時代と相俟って、唯一無二の空間が生みだされた。

所在地 北区梅田1-3-1 大阪駅前第1ビルB1F
建設年 1970年　設計 祖川尚彦建築事務所

休日特別営業

日時＝10月29日（日）12時〜17時30分
定員＝なし

9 King of Kings
（大阪駅前第1ビル）

有名喫茶店マヅラの姉妹店で、同じ1970年にオープンしたバー。宇宙的なインテリアはほぼ当時のままで、大阪万博の時代の雰囲気を強く感じさせる。壁一面のガラスモザイクタイルがなんとも幻想的。

所在地 北区梅田1-3-1 大阪駅前第1ビルB1F　建設年 1970年
設計 沼田修一

特別公開
開店前に特別公開します。
日時＝10月28日（土）10時〜12時／定員＝なし

10 堂島サンボア

大阪
セレクション

外観はイギリスの民家などに用いられるハーフティンバースタイル。むき出しの木の味わいは内部にも連続し、カウンターで磨き上げられた真鍮の肘掛けと足掛けが美しい。時間が醸し出した寛ぎのデザインを味わいたい。

所在地 北区堂島1-5-40　建設年 1955年　設計 不詳

特別公開
日時＝10月28日（土）13時30分〜14時30分
定員＝なし

11 大江ビルヂング

現在の裁判所近くに建てられた大江ビルヂングは、当時の倶楽部ビルとして、ダンスホールなども備え多様な利用目的で作られ、100年ほどになるがいまだ現役。交差点に建つ外観は、シンプルでクラシカルなデザインが大正時代の軽やかさを感じさせる。

所在地 北区西天満2-8-1　建設年 1921年
設計 葛野建築設計事務所（葛野壮一郎）

ガイドツアー
要申込

日時＝10月28日（土）13時30分〜（60分）
定員＝20名／案内人＝遠藤秀平（建築家）

12 堂島ビルヂング

御堂筋の拡幅工事よりも前に、絶対高さ制限の31mで建てられた。かつてはホテルや百貨店、倶楽部などが入居する複合ビルで、東京の丸の内ビルと比肩される存在だった。2度の改修で外観に面影はないが、躯体は当時のまま。

所在地 北区西天満2-6-8　建設年 1923年
設計 竹中工務店（藤井彌太郎）

特別公開
日時＝10月28日（土）・29日（日）
　　　両日とも10時〜16時
定員＝なし

13 大阪市立住まいのミュージアム
[大阪くらしの今昔館]

大阪という都市の江戸後期から昭和まで、「住まいと暮らしの歴史と文化」をテーマにした日本初の専門ミュージアム。江戸時代の大坂の町並みを、綿密な考証に基づいて実物大で再現したフロアは圧巻。

所在地 北区天神橋6-4-20　建設年 2001年
設計 日建設計、大阪くらしの今昔館

町家の小屋組み・軸組み公開

日時＝10月28日（土）・29日（日）
　　　両日とも13時30分～16時
定員＝なし

ワークショップ：カンナがけ体験

日時＝10月28日（土）・29日（日）
　　　両日とも13時30分～（150分）
定員＝なし

● 展示ゾーンで行います（別途入館料（600円）が必要です）。
● イケフェス大阪2023公式ガイドブックをお持ちの方は、入館無料（常設展のみ）となります。

---

505 北新地 まち歩きツアー

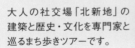

大人の社交場「北新地」の建築と歴史・文化を専門家と巡るまち歩きツアーです。

日時＝10月29日（日）10時～　**要申込**
　　　（120分）
定員＝20名
案内人＝髙岡伸一（建築家・近畿大学建築学部准教授）、徳永真介（北新地みらい会議専務理事）、篠原祥（北新地みらい会議事務局）

---

14 i-Mall（医誠会国際総合病院／扇町ミュージアムキューブ）

医療複合施設「i-Mall」内にオープンする『扇町ミュージアムキューブ』は、3つの劇場と7つの多目的スペースからなるシアターコンプレックス。クリエイターや地域の人びとの集う、誰にでも開かれた次世代のアート発信拠点を目指している。

所在地 北区南扇町4-14、6-26　建設年 2023年
設計 株式会社安井建築設計事務所

ガイドツアー　**要申込**

今年10月開館の「医療複合施設i-Mall」内の文化発信拠点「扇町ミュージアムキューブ」を中心に建物内部をご案内します。

日時＝10月28日（土）9時～（60分）
定員＝20名／案内人＝扇町ミュージアムキューブ担当者＋安井建築設計事務所設計担当者

---

15 ミナミ株式会社
[旧川崎貯蓄銀行 福島出張所]

国登録有形文化財
大阪セレクション

小規模ながらも密度の高い様式美を備えた近代建築は、川崎貯蓄銀行を数多く手がけた建築家、矢部又吉の作品。現在はカットソーの生地を専門に扱う企業の、オフィス兼ショールームとして活用されている。内部の装飾も見事。

所在地 福島区福島5-17-7　建設年 1934年
設計 川崎貯蓄銀行建築課

特別公開　**要申込**

日時＝10月28日（土）11時～12時／定員＝10名

10 堂島サンボア

22 中之島フェスティバルタワー・ウエスト 一粒の光

18 ABC本社ビル

中央電気倶楽部
サントリービル

21 中之島三井ビルディング
渡辺橋駅

20 ダイビル本館

中之島フェスティバルタワー

23 日本銀行大阪支店

36 三井住友銀行大阪本店ビル

35 住友ビルディング

37 大同生命大阪本社ビル

19 大阪中之島美術館

京阪中之島線

中之島駅

38 リバーサイドビルディング

45 大阪倶楽部

57 日本設計関西支社

46 淀屋橋竹村ビル

43 江戸堀コダマビル [旧児玉竹次郎邸]

44 今橋ビルヂング [旧大阪市中央消防署今橋出張所]

39 リーチバー (リーガロイヤルホテル)

40 リーガロイヤルホテル

42 日本基督教団大阪教会

41 大阪府立国際会議場

85 遠藤克彦建築研究所大阪オフィス (江戸堀ウエストビル)

66 大阪ガスビル

北野家住宅

柳々堂

68 オービック御堂筋ビル
御堂筋三井ビルヂング

69 アートアンドクラフト大阪ショウルーム&オフィス

靭公園

76 本願寺津村別院 [北御堂]

77 御堂ビル [竹中工務店大阪本店]

本町通

83 オリックス本町ビル

82 久米設計大阪支社

中央線
中央大通

↙ III 西船場・川口エリア P.64

谷町線
国道1号線
御堂筋線
大江橋
大江橋駅
土佐堀通
京阪淀屋橋駅
淀屋橋駅
高麗橋
御堂筋
本町駅
本町駅
中央大通
三休橋筋
御堂筋
中央線
堺筋線
堺筋
松屋町筋

南森町駅
堺筋線
大阪天満宮駅

天神橋
大川
なにわ橋駅
難波橋
京阪北浜駅
北浜駅
東横堀川
平野町通
淡路町通
瓦町通
備後町通
安土町通
本町通
堺筋本町駅

高麗橋通
都住創内淡路町
中大江公園
大阪城周辺エリア P.82

11 大江ビルヂング
12 堂島ビルヂング
17 大阪弁護士会館
24 大阪府立中之島図書館
25 大阪市中央公会堂
32 光世証券本社ビル
34 日本生命淀屋橋ビル
33 浦辺設計 ハドソンストリート1947
47 日本生命保険相互会社本館
48 旧緒方洪庵住宅
50 新井ビル
49 グランサンクタス淀屋橋 関西ペイント本社ビル
56 三菱UFJ銀行大阪ビル本館
53 東畑建築事務所本部・本社オフィス大阪
55 芝川ビル
54 日本基督教団浪花教会
58 日本圧着端子製造株式会社
63 青山ビル
62 伏見ビル
67 小川香料株式会社大阪支店 清水猛商店 大阪支店
65 生駒ビルヂング [生駒時計店／サービスオフィス北浜T4B]
60 武田道修町ビル [旧武田長兵衛商店本店社屋・旧武田薬品本社ビル]
59 田辺三菱製薬株式会社本社ビル
70 船場ビルディング 森田ビルディング
75 日建設計大阪オフィス
73 綿業会館
74 輸出繊維会館
84 船場センタービル
90 井池繊維会館 [ドブカン]
16 日本基督教団天満教会
26 北村商店 一番蔵
31 北浜レトロビルヂング [北浜レトロ]
29 北浜長屋
30 大阪証券取引所ビル
52 三井住友銀行大阪中央支店・天満橋支店
61 伏見町宗田家住居 [CuteGlass Shop and Gallery]
64 旧小西家住宅史料館
27 ジオ-グラフィック・デザイン・ラボ
28 ルポンドシエルビル [大林組旧本店]
51 安井建築設計事務所本社・大阪事務所
71 大塚グループ大阪本社大阪ビル
78 大阪商工会議所
79 β本町橋
80 山本能楽堂
81 大阪商工信用金庫本店ビル
72 フジカワビル

愛珠幼稚園
大阪市役所
オペラ・ドメーヌ
長谷エコーポレーション

ダイビルの100年

橋爪紳也

生きた建築ミュージアムフェスティバル大阪実行委員長
大阪公立大学研究推進機構特別教授

大阪を代表するデベロッパーであるダイビル株式会社（旧株式会社大阪ビルヂング）は、2023年10月9日に創業から1世紀の節目を迎えた。

　起業から100年が経過した現在、『「なんか好きなビル」をつくる。ダイビル』をうたい、東京・大阪・札幌の都心部に計31棟のオフィスビル・ホテルビル・商業ビルを所有するとともに、日本で培ってきたビル経営のノウハウをベトナムやオーストラリアなど海外においても展開している。

　ダイビル株式会社の出発点は、大阪商船の本社ビルとして大阪ビルヂング（のちのダイビル本館）を建設することにあった。大阪商船は、住友家の総理人広瀬宰平の指導のもと、瀬戸内海や大阪湾を運行する大小の船会社を統合して明治17年5月1日に発足した。創設時の参加船主は55名、船舶93隻を擁した。

　当初の本店は、大阪における海運の拠点であった富島町14番地に置かれた。明治23年7月、初の海外航路となる大阪釜山線を開設して以降、外地へ、さらには世界各地と結ぶ定期航路を開く。国際的な海運会社へと発展をみるなかで、本格的な本社が必要となる。

　大阪商船は田蓑橋南詰、鳥取藩の蔵屋敷跡で浪華倉庫が使用していた2800坪あまりを本社ビルの用地として購入、大正9年に臨時建築部門を設置した。同社は、同様のビル事業を進めていた橋本汽船から「大阪ビルヂング」の名を譲り受けつつ、宇治川電気と日本電力など大阪商船とつながりの深い在阪企業に呼びかけ、単なる本社ビルではなく大阪初の賃貸ビルを建設する方針を示す。

　大正12年（1923）10月9日、株式会社大阪ビルヂング会社（後に大阪建物と改称。現ダイビル株式会社）が設立された。出資比率は大阪商船150万円、宇治川電気100万円、日本電力50万円であった。

大阪ビルヂングは、大正13年4月13日に起工し、翌14年9月17日に完工した。高さ31m、鉄筋コンクリート造地上8階、地下1階建ての堂々たるオフィスビルである。渡辺建築事務所が設計、村野藤吾が製図主任を担ったとされる。大林組が施工、構造設計は内藤多仲に委嘱された。竣工時に作成された概要では「大大阪市の心臓地帯とも云ふべき中之島の中央に聳ゆる大建築」と誇らしげに記している。

　2階と3階を大阪商船が使用、ビル建設に出資した宇治川電気・日本電力もビル内に事務所を構えた。また大阪窯業や大阪鉄工所など大阪を代表する大企業がテナントとして入居した。1階には店舗が入るアーケードがあり、8階には英国領事館のほか、理髪室や球戯室を備えた倶楽部などがあった。地下には鉄格子扉で仕切られた36室の小部屋が用意され、入居企業の物置として貸し出された。本館と同時に2階建ての西館も建設、1階は太平均一タクシーに賃貸して車庫として利用、2階は大ビル西食堂とした。また昭和12年に東側に新館を竣工させた。

　窓のプロポーションと配置など、外観はモダニズム建築と呼ぶに値する構成美を見せる。いっぽうで播磨産の竜山石を用いて製作されたネオロマネスク風の正面装飾は実に豊かだ。半円アーチの上方に帝展審査員の大国貞蔵が手掛けた「鷲と少女の像」を掲げる。通りに面して、羊や子供をあしらう角柱、花や蛇などをかたどった円柱が並ぶ。軒蛇腹や窓台には、渡辺節のすすめで大阪陶業が研究し製造に成功した国産最初のテラコッタが使用された。

　華やかな粧いとは対象的に、機能や設備は実に合理的であった。主要壁体はすべて強固な

竣工当時のダイビル　写真提供・・大林組

耐震壁で堅牢に造るとともに、各階に消火栓を用意、火災発生時には防火扉で区画を分ける工夫もあった。大阪で初となる耐震構造の建築物と評価された。

　『建築と社会』大正14年12月号に、北村兼子は「大阪及び大阪人」と題する随想を寄せている。北村は、事務所ビルが競いあうように建つことで、欧米の大都会にあるような風景が大阪でも各所に生まれた。その雰囲気を「飛び飛びに洋行した感じ」と表現している。また2,600人もが働く大阪ビルヂングを帝都東京にあって最大の丸の内ビルディングと比較、面積が1割狭いだけだと「威張る人」もいれば、それが気に入らないと憤慨する人もいたと書いている。東京への対抗心を持つ、大阪人らしい感覚である。

3 戦後復興と新ダイビル

大阪ビルヂングは東京に進出する。三菱合資会社地所部から内幸町に土地を得て、分館を建設する。昭和2年に1号館、昭和6年に2号館を竣工させている。

　その後、太平洋戦争が激化すると、防空構造建物である大阪ビルヂングは軍部に接収される。地下1階から3階までが、中山製鋼所や大阪金属工業の作業場、大阪海軍軍需部の倉庫となった。対して敗戦後は占領軍が収用、8階は女子将校の宿舎として使用された。

　大阪の戦災復興が始まる。株式会社大阪ビルヂングは「大阪建物株式会社」に改称、新たな事業の展開を模索した。事業用地として駐留軍の拘置所として使われていた堂島米会所の跡地を取得する。河岸地を大阪市に公園として寄贈するとともに、着工するまでのあいだは敷地に野球グラウンドを設けて活用した。米国のリゾート地を模した「コニーアイランドショー」や、国交正常化前の「中国貿易見本市」などのイベントが話題となった。

　朝鮮戦争による特需とその後の不況を経て、昭和33年に新大阪ビルヂング（現新ダイビル）の南館が先行して完工、昭和38年に北館も竣工する。大阪の人たちは大阪ビルヂングの愛称であった「ダイビル」に倣って、9階建ての新しいオフィスビルを「新ダイビル」と親しみを込めて略して呼んだ。

　「新ダイビル」は、大阪を代表する建築家である村野藤吾が率いた村野・森建築事務所が設計、大林組が施工を請け負った。横に長く各室の窓が連なる「横連窓」を採用、遠目には縞模様のように見える外観が独特の建築美を見せた。最上階には樹木が茂る本格的な「屋上樹苑」を設けられた。また中之島における戦後復興の象徴となった斬新なビルディングであった。

建築は「民衆に親しみやすいもの」であるべきだと考えた村野は、4階の四隅のバルコニーに藤本美弘の手になる羊の彫刻を飾った。地上から見上げると、羊たちの白い姿が遠くに見えて、微笑ましく思えたものだ。なぜ羊が選定されたのかは諸説があるが、幾何学的な構成美を特徴とする建築に、表情の豊かな装飾による温かみを加えることで、人々のビルへの親近感を高める工夫であったと推測される。

新ダイビル（2015年）

4
現在から未来へ

　高度経済成長を追い風に、八重洲ダイビル（1967）、麹町ダイビル（1976）、内幸町ダイビル（1983）、堂島ダイビル（1984）、淡路町ダイビル（1986）、三田日東ダイビル（1986）など、東京と大阪に優れたオフィスビルを竣工させる。1975年には、1964年に竣工した東洋工業（現マツダ）の大阪支社ビルを購入、御堂筋ダイビルとして運営する。ステンレス製の外装と独特の形状の窓枠が個性的なビルであった。

　平成4年（1992）、創業当時からの愛称のままに、ダイビル株式会社に社名を変更している。1990年代から2000年代にかけても、北梅田ダイビル、淀屋橋ダイビル、梅田ダイビル、土佐堀ダイビル、商船三井ビルディング（虎ノ門ダイビル）、秋葉原ダイビルなどを建設、ないしは取得し事業を拡大させた。

　この10年ほどの事業では、ベトナムやオーストラリアなど海外でのビル経営とともに、既存のビルの一連の建て替えが注目される。

　創立90周年を迎えた平成25年（2013）には、ダイビル本館の建て替え工事が完了した。超高層ビルの低層部分に旧建物を再現している。外壁のスクラッチタイルの9割以上を再利用、また石材による彫刻も再現された。内部の玄関ホール部分も旧ビルのものを復元している。

　さらに平成27年（2015）には、新ダイビルを31建ての超高層ビルに建て替えている。二代目の設計に際して、初代の特徴であった「横連窓」のデザインが継承された。また屋上にあった樹苑も、同じ面積の緑地「堂島の杜」を地上レベルに確保することで受け継がれ、その四隅に羊の彫刻が再配置された。

　2024年の完成を目指して、御堂筋ダイビルの建て替え工事も進捗している。新たなビルでは、外装に旧ビルを想起させる鈍色の金属パネルが採用されている。

　名建築として評価されてきた先行する建物の個性や魅力を、レガシーとして継承する試みがなされている点を高く評価したい。

御堂筋ダイビル外観パース（2024年完成予定）

16 日本基督教団 天満教会

国登録有形文化財

1879年設立の歴史をもつ教会で、現在の教会堂は創立50周年を記念して建設された。建築家の中村鎮が考案した「鎮（ちん）ブロック」工法が採用されている。礼拝堂の楕円アーチ梁を更にアーチでくり抜く構造が軽快。

所在地 北区天神西町4-15　建設年 1929年／1959年（増改築）／2012年（保存・改修）　設計 中村建築研究所 中村 鎮（まもる）

パイプオルガンによるプチ・コンサート

日時＝10月28日（土）・29日（日）　両日とも13時～（60分）／定員＝なし

特別公開

日時＝10月28日（土）・29日（日）　両日とも12時～15時／定員＝なし

---

17 大阪弁護士会館

大阪セレクション

「市民に開かれた弁護士会」というのが、この新会館の建設にあたって大阪弁護士会が決めたコンセプトの筆頭だった。吹き抜けのエントランスロビーは50mを超える長さ。美しい開放感で、開かれた姿勢を象徴する。

所在地 北区西天満1-12-5　建設年 2006年
設計 日建設計

ガイドツアー　　要申込

日時＝10月28日（土）①10時30分～②13時～③15時～（各60分）
定員＝各15名

---

18 ABC本社ビル

再生木材を使用した千鳥格子のルーバーは、設計チームに加わった隈研吾らしいデザイン。堂島川沿いの広場「リバーデッキ」に面して、公開番組の収録を行う多目的ホールが設けられ、広場と市民と放送局との接続が試みられている。

所在地 福島区福島1-1-30
建設年 2008年
設計 隈研吾（隈研吾建築都市設計事務所）・NTTファシリティーズ

ガイドツアー　　要申込

～隈研吾デザインの放送局を訪ねて～

日時＝10月29日（日）①10時30分～②13時～（各90分）
定員＝各15名／案内人＝岡元 昇（朝日放送グループホールディングス サステナビリティ推進部シニア）、専任スタッフ

生きた建築ミュージアム フェスティバル大阪2023 クロージング

10回目にして初めて、ABC本社ビル10階食堂での開催となります。
橋爪紳也実行委員長をはじめ、いつものメンバーがイケフェス大阪を振り返ります。

日時＝10月29日（日）　　要申込
　　　17時～（60分）
定員＝50名
場所＝ABC本社ビル10階食堂

19　大阪中之島美術館

黒いキューブが宙に
浮いたような建物の
内部は、立体的な構
成に。パッサージュと
呼ばれる通り抜け可
能な通路はまわりの
街とつながり、アートが周囲の緑や川の輝きと呼応
する。豊かなコレクションを味わうのにふさわしい空間
がある。

所在地　北区中之島4-3-1　建設年　2021年
設計　株式会社遠藤克彦建築研究所

動画上映

「美術館イメージの創造―大阪中之島美術館
の建築、VI、家具のデザイン」

日時＝10月28日（土）・29日（日）両日とも
　　　　10時30分～12時30分、
　　　　13時30分～15時30分
定員＝なし／場所＝2階多目的スペース

トークセミナー　当日先着

「大阪の戦後建築と中之島」

高層ビル競演の場となった中之島を中心に戦後建築と
都市空間についてのトーク

日時＝10月28日（土）15時30分～（90分）
定員＝150名

［特集展示］みんなのまち 大阪の肖像2.5

「大阪の戦後建築と中之島」

日時＝10月28日（土）・29日（日）
　　　　両日とも10時～17時／定員＝なし

20　ダイビル本館

大阪
セレクション

通りに面して彫りの深い装
飾を配し、彫刻家・大国貞
蔵の「鷲と少女の像」が玄
関上部に乗る。壮麗な玄
関ホールや外壁も含め、大
正時代のビルの内外装を
新ビルに丁寧に継承。物
語性のある雰囲気を界隈
に提供している。

所在地　北区中之島3-6-32
建設年　2013年（旧ダイビル本館 1925年）
設計　日建設計（旧ダイビル本館 渡邊節設計事務所）

こども向けガイドツアー　要申込

日時＝10月28日（土）10時30分～（60分）
定員＝20名
●ガイドツアー参加者には、記念品をプレゼント！

ガイドツアー　要申込

日時＝10月28日（土）①13時30分～
　　　　②14時30分～ ③15時30分～
　　　　10月29日（日）①10時30分～
　　　　②11時30分～ ③14時～ ④15時～
　　　　（各40分）
定員＝各25名
●ガイドツアー参加者には、記念品をプレゼント！

ダイビル100周年公募企画表彰式・
キャラバン

日時＝10月28日（土）10時30分～
定員＝なし

503　ダイビルツアー

ダイビル本館を出て、中之島ダイビル、新ダイビル、
堂北ダイビルなどを巡ります。

左）新ダイビル　右）新ダイビル 堂島の杜

日時＝10月29日（日）13時～（90分）　要申込
定員＝20名
案内人＝橋爪紳也（大阪公立大学教授）

21 中之島三井ビルディング

デザインアーキテクトを務めたのは、世界の多くの超高層ビルをデザインしたシーザー・ペリ。曲面と金属素材を駆使して織り上げられた張りのある表皮のデザインが、2019年7月に92歳で没した巨匠らしい。

所在地 北区中之島3-3-3　建設年 2002年
設計 日建設計
デザインアーキテクト シーザーペリ アンド アソシエイツ

パネル展示

日時＝10月28日（土）8時〜20時
定員＝なし

22 中之島フェスティバルタワー・ウエスト

大阪
セレクション

ツインタワーでは国内最高を誇る高さ200mのビルは、ホテル、オフィス、美術館などが入る超複合ビル。丸みを持たせたシルエットは、朝日ビルの伝統を継承したデザイン。夜景では縦のストライプが更に強調される。

所在地 北区中之島3-2-4　建設年 2017年
設計 日建設計（構造・設備設計協力：竹中工務店）

館内ガイドツアー　　要申込

日時＝10月29日（日）①11時〜 ②13時30分〜
③15時〜（各60分）
定員＝各15名／案内人＝中之島支社担当者

23 日本銀行大阪支店

東京の日本銀行本店の7年後に完成した、同じ明治の大建築家・辰野金吾の作品。左右対称の毅然とした佇まい。中央ドーム内部の重厚なインテリアも見ものだ。移設して残された階段室とともに明治時代を体験できる。

所在地 北区中之島2-1-45　建設年 1903年（旧館竣工）／1980年（新館竣工）／1982年（旧館復元・改築工事完了）
設計 辰野金吾ほか（旧館）／日建設計（新館）

ガイドツアー　　要申込

日時＝10月28日（土）①10時〜 ②11時30分〜 ③13時50分〜 ④15時20分〜（各60分）
定員＝各30名／案内人＝広報担当者

24 大阪府立中之島図書館

住友家の寄付による図書館は、1世紀を超えて今も現役。住友に属した野口孫市による設計は、当時の日本の古典主義様式の習熟度の高さを示している。2016年からはカフェも開設された。

所在地　北区中之島1-2-10
建設年　本館1904年／左右翼棟1922年
設計　住友本店臨時建築部（野口孫市、日高胖）

日建設計共催
「イラスト名建築ぶらり旅原画展（仮）」

宮沢洋氏と西澤崇雄氏が20の建築をめぐった記録。
日時＝10月28日（土）・29日（日）
　　　両日とも10時〜17時／定員＝なし

「イラスト名建築ぶらり旅」
トークイベント

要申込

日時＝10月29日（日）10時30分〜（90分）
定員＝70名
登壇者＝宮沢洋（画文家・編集者）
　　　　甲斐みのり（文筆家「名建築で昼食を」の原作者）
　　　　西澤崇雄（日建設計）

「記念室」休日特別開館

日時＝10月29日（日）10時〜17時
定員＝なし

特別館内ガイドツアー

当日先着

日時＝10月28日（土）・29日（日）両日とも
　　　①10時〜 ②11時〜 ③13時〜 ④14時〜
　　　⑤15時〜（各30分）
定員＝各15名
参加費＝500円（オリジナルグッズ代）
● 参加者にはオリジナルグッズをプレゼント。

25 大阪市中央公会堂

岩本栄之助の寄付で建てられ、気鋭の建築家・岡田信一郎の原案をもとに片岡安・辰野金吾が遠目にも華やかなデザインに仕立てた。市民らの力で守られ重要文化財となり、2018年に開館100周年を迎えた。

所在地　北区中之島1-1-27　建設年　1918年
設計　岡田信一郎（原案設計）／
　　　辰野片岡建築事務所（実施設計）

トークセミナー「大阪市中央公会堂
〜生きた建築とクラシック〜」

当日先着

名建築と音楽の魅力を建築・音楽・映像の各専門家が登壇し語ります。
日時＝10月26日（木）19時10分〜（80分）
定員＝100名
出演＝高岡伸一（近畿大学建築学部准教授）
　　　鷲見敏（テレマン室内オーケストラ主席チェロ奏者）
　　　宮脇美沙（NHK大阪放送局 エキスパート）

特別公開

大集会室、中集会室、特別室を特別開放します
日時＝10月26日（木）15時30分〜21時
　　　10月28日（土）11時〜17時
定員＝なし

26 北村商店 一番蔵

近世から乾物問屋が建ち並んだ菅原町には、今も木造の土蔵群が残る。1888年創業の北村商店は、昔ながらの蔵として使いつつ、一部はリノベーションするなど、生きた街並みとしてその歴史を今に伝えている。

所在地 北区菅原町1　建設年 不詳　設計 不詳

特別公開
江戸時代からの蔵の内部を覗く
日時＝10月28日（土）12時〜17時
定員＝なし

27 ジオ-グラフィック・デザイン・ラボ

一見、建築設計事務所らしくない名称に「永く使われ続けるデザインとは、土地や使う人との関係性を繋いでいくものではないか」という代表・前田茂樹の思想が刻まれている。大阪に生まれ、2008年に事務所を設立。

所在地 中央区北浜東1-29-7F　創業年 2008年

特別公開
様々なスケールの模型を通して弊社の設計プロセスを横断的にご覧いただけます。
日時＝10月28日（土）・29日（日）
　　　両日とも10時〜17時
定員＝なし

28 ルポンドシエルビル
[大林組旧本店]

大阪セレクション

日本を代表する建設会社・大林組の旧本店。外観は当時の大林組が得意としたスパニッシュスタイル。2007年に耐震補強工事が行われ、現在はテナントビルとして使われている。

所在地 中央区北浜東6-9
建設年 1926年／2007年（耐震補強工事）　設計 大林組

トークセミナー「関西モダニズムにおける大林組旧本店・大林組設計部」 要申込
日時＝10月29日（日）14時30分〜（90分）
定員＝50名

万博の建物モックアップ・映像等の展示
大林組が関わる大阪・関西万博の建物モックアップや映像・パネルの展示
日時＝10月28日（土）・29日（日）
　　　両日とも10時〜17時／定員＝なし

ガイドツアー 要申込
日時＝10月28日（土）①10時30分〜
　　　②13時〜③15時〜（各60分）
定員＝各15名

アプリ「みんなで集める街のWISH」
イケフェス連携アプリ「みんなで集める街のWISH」ご案内。建物価値を共有し、みんなで街を共創しよう!
日時＝10月28日（土）・29日（日）
　　　両日とも10時〜17時／定員＝なし

29 北浜長屋

船場の川沿いに残る唯一の木造建築は、1912年に建設された和洋折衷の二軒長屋。耐震補強を含めたリノベーションによって、人気のカレー店とカフェへと再生された。川の眺めと、2階道路側の金属天井が見どころ。

所在地 中央区北浜1-1-22
建設年 1912年／2017年（リノベーション）
設計 髙岡伸一建築設計事務所（リノベーション）

特別公開
カレー店「オクシモロン北浜」を開店前に特別公開します。

日時＝10月28日（土）・29日（日）
両日とも10時～11時
定員＝なし

30 大阪証券取引所ビル

現代的なビルに建て替わっても、金融街の顔として親しまれた外観は残された。吹き抜けのエントランスホールも当初からの空間。楕円形なのは直交していない堺筋と土佐堀通の関係を調整するため。設計者の技量が光る。

所在地 中央区北浜1-8-16　建設年 1935年（1期）／
2004年（2期）　設計 長谷部竹腰建築事務所（1期）／
三菱地所設計・日建設計設計監理JV（2期）

大阪取引所 OSE ギャラリー休日特別開館
日時＝10月28日（土）・29日（日）
両日とも9時～16時
定員＝なし

ガイドツアー
当日先着

日時＝10月28日（土）・29日（日）両日とも
①10時～ ②13時～ ③15時～（各30分）
定員＝各20名

31 北浜レトロビルヂング
［北浜レトロ］

近代的なビルの谷間で、今や小さいことで目立っているのは、1912年に「北浜株友会倶楽部」として建てられた煉瓦造2階建のクラシックな洋館。1997年英国スタイルの紅茶と菓子の店舗にリノベーションされ、北浜に新たな人の流れを生み出した。

所在地 中央区北浜1-1-26　建設年 1912年／1997年（リノベーション）　設計 大林組

特別公開
日時＝10月28日（土）・29日（日）両日とも9時30分～10時
定員＝なし

32 光世証券本社ビル

独特の世界観で建築を表現する建築家、永田祐三の作品。外観は英国の輸入ブリックを積み上げることで重厚感と陰影を生み出している。イタリア製鍛鉄との組み合わせは迫力満点で、最上階のホールから眺める中之島の景色も見事。

所在地 中央区北浜2-1-10　建設年 2000年
設計 永田・北野建築研究所（永田祐三、北野俊二）

特別公開
日時＝10月28日（土）・29日（日）
　　　両日とも10時〜16時
定員＝なし

33 浦辺設計

コンバージョンの先駆けである倉敷アイビースクエアで知られる、倉敷出身の建築家・浦辺鎮太郎が開設した設計事務所。大阪では千里中央の千里阪急ホテル（1970年〜）がよく知られ、現在は北浜の川沿いにオフィスを設ける。

所在地 中央区北浜2-1-26（北浜松岡ビル4F）　創業年 1962年

特別公開
日時＝10月28日（土）10時〜17時／定員＝なし

34 日本生命淀屋橋ビル

日本生命ビル群一連のデザインコードを踏襲した高層テナントオフィス。隣接した日本生命東館と連続した並木のプロムナードは、土佐堀通りから愛珠幼稚園、適塾等の歴史的エリアをつなぐ新たな遊歩道となっている。

所在地 中央区北浜3-5-29　建設年 2022年
設計 株式会社日建設計（基本設計）、
　　　株式会社大林組（実施設計）

大林組大阪本店事務所ガイドツアー 要申込
日時＝10月29日（日）①10時〜 ②11時〜
　　　③13時〜（各30分）
定員＝各15名

35 住友ビルディング

大阪
セレクション

建築高さに制限があった高度経済成長期、面積確保のために横に広がって建てられた「マンモスビル」は、現在もオフィスビルとしてはフロア面積大阪最大。龍山石を用いた旧住友ビルに並ぶ白銀色の対比にも注目。

所在地 中央区北浜4-5-33　建設年 1962年　設計 日建設計

特別公開
昨年竣工60周年を迎え改修した1階エントランスの特別公開

日時＝10月29日（日）10時〜17時
定員＝なし

36 三井住友銀行 大阪本店ビル

旧住友本社と連系各社の本拠の「住友ビルディング」として建てられた。装飾を抑制した黄褐色の外壁は、黄竜山石と大理石を砕いて混ぜた擬石。コリント様式の列柱に支えられた大空間は、現在も銀行の大阪本店営業部として使用されている。

所在地 中央区北浜4-6-5 建設年 1926年(1期)／1930年(2期) 設計 住友合資会社工作部

特別公開
日時＝10月28日(土)・29日(日)
　　　両日とも10時〜17時
定員＝なし

37 大同生命大阪本社ビル

1925年にヴォーリズによって建てられた旧本社ビルのデザインを踏襲し、オリジナルのテラコッタを一部再利用するなどして1993年に建て替えられた。大同生命は、江戸時代よりこの地に店を構えた豪商・加島屋を源流に持つ。

所在地 西区江戸堀1-2-1 建設年 1993年
設計 日建設計・一粒社ヴォーリズ建築事務所

メモリアルホールの特別展示
日時＝10月28日(土)・29日(日)
　　　両日とも10時〜17時
定員＝なし

ガイドツアー　　　　　　　　　　要申込
ヴォーリズ建築の内外装の遺構を残したメモリアルホール特別展示を中心に、大阪本社ビルを巡るツアーです。
日時＝10月28日(土)・29日(日)
　　　両日とも15時〜(各40分)
定員＝各25名
案内人＝吉田一正(大同生命コーポレートコミュニケーション部 社史担当課長)

38 リバーサイドビルディング

国登録
有形文化財

土佐堀川に沿って微妙に湾曲するシルエットが印象的なオフィスビル。設計は東京大学教授を務め、丹下健三など著名な建築家を輩出した岸田日出刀。高速道路にヒントを得たユニークな構造形式と、水平連続窓からの川の眺めが素晴らしい。

所在地 北区中之島3-1-8 建設年 1965年 設計 岸田建築研究所(岸田日出刀)

トークセミナー「建物の建築と建設に至るまで」　　要申込
日時＝10月28日(土)・29日(日) 両日とも①9時30分〜
　　　②11時30分〜 ③13時30分〜 ④14時30分〜(各30分)
定員＝各20名
講師＝co-ha nakanoshimaオーナー、建物オーナー

39 リーチバー
（リーガロイヤルホテル）

日本の民藝運動に影響を与えた陶芸家バーナード・リーチの着想をもとにした寛げる空間。重厚なナラ材の床、味のある煉瓦、曲木の椅子やテーブル、河井寛次郎や濱田庄司など大家の作品が、贅沢に取り合わされている。

所在地 北区中之島5-3-68　建設年 1965年
設計 吉田五十八

特別公開
民藝運動に深く関わった陶芸家バーナード・リーチの構想を建築家吉田五十八が忠実に再現したコテージ風バー

日時＝10月28日（土）・29日（日）
　　　両日とも14時〜23時／定員＝なし
●ご見学の際は、店内にてお飲み物（有料）のご注文をお願いいたします。

40 リーガロイヤルホテル

日本の伝統をモダンでシンプルなものに変えた近代数寄屋の創始者・吉田五十八がウエストウイングとタワーウイングのデザインに携わっている。東京の「引き算」の美学と大阪の「足し算」の美学が出会った、他にないホテルだ。

所在地 北区中之島5-3-68　建設年 1965年
設計 吉田五十八（ウエストウイング・タワーウイング）
　　 竹中工務店（アネックス）

特別公開
日本を代表する建築家吉田五十八が設計したウエストウイング（1965年）・タワーウイング（1973年）

日時＝10月28日（土）・29日（日）
　　　両日とも10時30分〜18時
定員＝なし

41 大阪府立国際会議場

機械で分割できるメインホール、ドーム型の特別会議場、真っ赤な屋上のアンテナから江戸時代のデザインにヒントを得た机や椅子まで、設計者・黒川紀章の面白さが詰まった「グランキューブ」（大きな立方体）だ。

所在地 北区中之島5-3-51　建設年 2000年
設計 黒川紀章建築都市設計事務所

ガイドツアー　要申込
バックヤードツアー（特別会議場やヘリポートを予定）

日時＝11月3日（金）①9時30分〜 ②11時〜
　　　③13時30分〜 ④15時〜（各60分）
定員＝各15名
案内人＝株式会社国際会議場スタッフ

42 日本基督教団大阪教会
府・市指定文化財

教会を得意としたW・M・ヴォーリズによる、赤煉瓦のプロテスタント教会。簡素なロマネスク様式で、正面玄関上のバラ窓と6層の塔が象徴的。阪神淡路大震災で被害を受けたが、見事に修復された。

所在地 西区江戸堀1-23-17　建設年 1922年
設計 ヴォーリズ建築事務所（ウィリアム・メレル・ヴォーリズ）

特別公開
日時＝10月28日（土）14時〜16時
　　　10月29日（日）13時〜15時
定員＝なし

43 江戸堀コダマビル
[旧児玉竹次郎邸]

国登録有形文化財 大阪セレクション

綿布商を営む児玉竹次郎の本宅として建てられた。設計施工を担当した岡本工務店はヴォーリズと関係が深く、スパニッシュに和風を折衷したデザインとなっている。かつては背面に江戸堀川が流れていた。

特別公開

ビル内部を「大正・昭和の家庭用品展示室」とともに特別無料公開

日時＝10月28日（土）
11時〜18時
定員＝なし

所在地 西区江戸堀1-10-26　建設年 1935年
設計 岡本工務店　山中茂一　

44 今橋ビルヂング[旧大阪市中央消防署今橋出張所]

国登録有形文化財 大阪セレクション

かつて1階に消防車が止まっていた小さな消防署が再生され、イタリアンレストランに。2階と3階を貫くチューダー調のアーチが特徴。店名のダル・ポンピエーレはイタリア語で「消防士」の意味。

所在地 中央区今橋4-5-19　建設年 1925年　設計 不詳　

特別公開

日時＝10月28日（土）10時〜11時／定員＝なし

休日特別営業

普段は定休日の日曜日、特別にランチ営業します！
建物を一緒にお食事もお楽しみください。

日時＝10月29日（日）11時〜14時30分／定員＝なし

45 大阪倶楽部

国登録有形文化財　府・市指定文化財 大阪セレクション

大阪倶楽部は幅広い業種、業界の社交倶楽部として設立。中之島図書館と同じ設計者による初代の会館が焼失した後に建てられた現在の会館は、大阪ガスビルなどを後に手がける安井武雄の出世作と、建築家も一流だ。

所在地 中央区今橋4-4-11　建設年 1924年　設計 安井武雄　

ガイドツアー　　　要申込

日時＝10月28日（土）
　　　①10時〜　②11時30分〜（各60分）
定員＝各20名

46 淀屋橋竹村ビル

建築家・高松伸は、建築に魅力的な存在感を付与できる。機能性に根拠を持たないけれど美しく、黒御影石や金属を駆使して工芸性と機械的な印象を共に持ち、艶という言葉が脳裏をよぎるビルで、その力量をとくとご覧あれ。

所在地 中央区今橋4-5-20　建設年 1988年　設計 高松伸

特別公開

1階の共用部と、空きテナントを特別に公開します

日時＝10月28日（土）9時〜17時
定員＝なし

47 日本生命保険相互会社本館

堂々とした変わらぬ姿で御堂筋に佇む生きた建築。装飾はほとんどないが、全体のプロポーションを研ぎ澄ませ、隅を少し丸めるなど細部に配慮して、古典的な風格を街に与えている。この戦前の設計が持つ品位が隣の南館、裏手の超高層ビルの外観にも引き継がれている。

所在地 中央区今橋3-5-12
建設年 1938年（1期）／1962年（2期）
設計　　長谷部竹腰建築事務所（1期）／日建設計（2期）

セミナールーム特別開放＆エントランスホール特別公開

日時＝10月28日（土）・29日（日）
　　　両日とも12時〜15時／定員＝なし

48 旧緒方洪庵住宅 [適塾]

幕末の蘭学者・緒方洪庵が開いた蘭学塾で、福沢諭吉・長与専斎といった日本の近代化に貢献する人材がここで学んだ。建物は豪商の天王寺屋が所有していた町家建築で、200年以上前のものである。

所在地 中央区北浜3-3-8　建設年 18世紀末　設計 不詳

特別公開

適塾生が実験・解剖を行った井戸、「百鬼立食」した台所を特別公開。福沢諭吉が語った逸話の現場も公開します。

日時＝10月28日（土）・29日（日）両日とも10時〜16時
定員＝なし

● 別途、参観料（270円）が必要です。公式ガイドブックをお持ちの方は、参観料が無料となります。

ガイドツアー　要申込

適塾の魅力を、大阪大学適塾記念センター准教授である歴史学の専門家が未公開箇所も含め案内します。

日時＝10月27日（金）①13時30分〜
　　　②15時〜（各30分）
定員＝各10名

502 まちの石・発掘ツアー

新築石工事や近代建築の保存再生工事などを多く手がける㈱明治大理石の中家祥裕社長が案内する御堂筋のガイドツアー。沿道のビルに用いられた石材の産地や仕上げなど、外装石材から御堂筋を読み解くこれまでに無かったツアーです。

日時＝10月28日（土）15時〜（120分）／定員＝20名　要申込

49 グランサンクタス淀屋橋

近代建築の外壁を活かした分譲マンションは、全国的にも大変珍しい。最初は辰野金吾が設計し、10年後に國枝博が繊細な文様をもつテラコッタで外観を大改修、その壁を現代の法規に合わせて曳家して保存・活用した。1階にはカフェも。

所在地 中央区今橋3-2-2　建設年 1918年／1929年／2013年　設計 辰野片岡建築事務所／（改修）國枝博／（建替）IAO竹田設計

特別公開

お持ち帰りでドリンク購入の方に自家焙煎珈琲のドリップバッグをひとつプレゼント。まちあるきのお供にどうぞ。

日時＝10月28日（土）・29日（日）
　　　両日とも11時〜17時30分
定員＝なし

51 安井建築設計事務所 本社・大阪事務所

100年建築も、100年事務所もあるのが大阪の良さの一つ。1924年創業の安井建築設計事務所も、もうすぐその仲間入り。社会に役立つ技術的な解決と共に、デザインを楽しむ心を忘れないプロたちがいる。

所在地 中央区島町2-4-7　創業年 1924年

「かたちのいみ」展

建築の"かたち"は、どのようにして生まれているのか。当社の建築作品をご紹介します。

日時＝10月28日（土）10時30分〜17時
　　　10月29日（日）10時30分〜16時
定員＝なし
場所＝安井建築設計事務所1階ロビー展示

50 新井ビル　国登録有形文化財

神戸を拠点に活躍した河合浩蔵設計の銀行建築。古典主義様式から脱却しようと、幾何学的でモダンな要素が盛り込まれている。元営業室の吹抜空間は人気スイーツ店・五感の本店として有名。

所在地 中央区今橋2-1-1　建設年 1922年
設計 河合建築事務所（河合浩蔵）

特別公開

日時＝10月28日（土）・29日（日）
　　　両日とも10時〜16時
定員＝なし

1枚の紙で建築をつくろう！
「折り紙建築」ワークショップ

当社の建築作品等をモチーフにした折り紙建築の組み立てを楽しんでいただけます。お子様も参加可能です。お気軽にご参加ください。

日時＝10月28日（土）10時30分〜17時
　　　10月29日（日）10時30分〜16時
定員＝なし
協力：木原隆明・五十嵐暁浩・有座まさよ

52 三井住友銀行 大阪中央支店・天満橋支店 府・市指定文化財

戦前の日本における最大級の設計事務所の1つであった曾禰中條建築事務所の最後期の作品で、完成度の高い古典主義様式のデザイン。三井銀行の大阪支店として、当時の目抜き通りであった高麗橋通に面して建てられた。

所在地 中央区高麗橋1-8-13 建設年 1936年
設計 曾禰中條建築事務所

休日特別開館
日時＝10月28日（土）10時〜13時
定員＝なし

---

53 東畑建築事務所 本部・本社オフィス大阪

1932年創業の大阪を代表する建築設計事務所の一つ。発展の理由は、創業者・東畑謙三が実務的な設計に優れていたため。それが深い教養に根ざしていたことをうかがわせる国内最大・最良の建築書のコレクションを所有。

所在地 中央区高麗橋2-6-10 創業年 1932年

特別公開
清林文庫展：アジアの知と交流〜古代中国の青銅器〜
オープンサロン：創業から現在まで

日時＝10月28日（土）・29日（日）
　　　両日とも10時〜17時／定員＝なし

---

54 日本基督教団浪花教会

1877年設立の歴史をもつ。都心の狭い敷地に建つゴシック様式の教会で、尖塔アーチの色ガラスが美しい。ヴォーリズ建築事務所の指導により竹中工務店の石川純一郎が設計した。

所在地 中央区高麗橋2-6-2 建設年 1930年
設計 竹中工務店（ヴォーリズ建築事務所が指導）

特別公開
日時＝10月29日（日）13時〜15時
定員＝なし

---

55 芝川ビル 国登録有形文化財 大阪セレクション

建物内・外部には意匠を凝らした装飾があちらこちらにちりばめられ、4階のテラスは都会の喧騒からぽっかり抜け出したような異空間で、時間が経つのを忘れてしまう。

所在地 中央区伏見町3-3-3 建設年 1927年
設計 渋谷五郎（基本構造）・本間乙彦（意匠）

特別公開
平時は入れない屋上テラスと、木造家屋をリノベーション（工事中）し、まもなくOPEN予定のイタリアンレストランisolataを特別公開

日時＝10月28日（土）・29日（日）
　　　両日とも9時〜17時／定員＝なし

---

56 三菱UFJ銀行大阪ビル本館

御堂筋のデザインガイドライン適用第1号の超高層ビル。公共貢献として1階にパブリックスペースとして「ギャラリーラウンジ」を設置し、北船場の情報発信拠点となっている。

所在地 中央区伏見町3-5-6　建設年 2018年
設計 三菱地所設計・東畑建築事務所JV

イケフェス大阪2023インフォメーションセンター

1階のギャラリーラウンジをインフォメーションとして公開します。

日時＝10月28日（土）10時〜17時
　　　10月29日（日）10時〜16時
定員＝なし

57 日本設計関西支社

大手組織設計事務所の中にあって歴史は比較的、新しい。日本初の超高層ビルである霞が関ビルの設計チームが中心となり、1967年に設立。その際のモットーが共創と都市デザインで、大阪ではNU茶屋町や上本町YUFURAなどに生かされている。

所在地 中央区高麗橋4-1-1　創設年 1972年
設計 株式会社日本設計

ワークショップ「（仮称）建築模型製作体験」

日時＝10月28日（土）・29日（日）
　　　両日とも9時30分〜17時／定員＝なし
● 先着順で記念品を差し上げます。

58 日本圧着端子製造株式会社

大阪
セレクション

内外を仕切る12cm角の杉材はボルト留めされて、交換可能なつくり。伊勢神宮の式年遷宮と同じく20年に1度、取り替えられる想

定だ。床も天然木材で、入口で靴を脱ぐ。先端企業による新しいオフィスの試みである。

所在地 中央区道修町3-4-7　建設年 2013年
設計 Atelier KISHISHITA＋Man*go design

ガイドツアー　　　　　　　　　要申込

普段は非公開の建物内部を設計者がご案内するガイドツアーです。

日時＝10月28日（土）①10時〜 ②13時〜
　　　③15時〜（各60分）
定員＝各20名
案内人＝岸下真理＋岸下和代
　　　　（Atelier KISHISHITA）

59 田辺三菱製薬株式会社本社ビル

「くすりのまち」道修町と三休橋筋の交差点に建つ新しい高層ビルは、低層部をガラス張りにして公開空地と一体的な空間を生みだし、地域コミュニティの拠点となっている。2階に設けられた田辺三菱製薬史料館も充実。

所在地 中央区道修町3-2-10　建設年 2015年　設計 大林組

田辺三菱製薬（株）史料館公開

日時＝10月28日（土）10時〜17時
定員＝なし
開館場所＝田辺三菱製薬（株）本社ビル2階
● 先着100名明治期の田邊屋再現ペーパークラフトプレゼント

60 武田道修町ビル [旧武田長兵衛商店本店社屋・旧武田薬品本社ビル]

大阪の建築は増築に愛がある。壁が少し奥まった所が戦後の建て増し。窓や壁のつくりに気を配り、国の重要文化財・京都府庁旧本館の設計者として知られる松室重光のオリジナルのデザインを引き立てている。

所在地 中央区道修町2-3-6　建設年 1928年
設計 片岡建築事務所(松室重光)

休日特別開館
日時＝10月28日(土)・29日(日)
　　　両日とも10時〜16時
定員＝なし

62 伏見ビル　国登録有形文化財　大阪セレクション

当初はホテルとして建てられた。現在は客室を活かしたテナントビルとして使われている。1931年に所有者が変わった際、大規模な改修が施されたが、全体に丸みを帯びたデザインが特徴。

所在地 中央区伏見町2-2-3　建設年 1923年
設計 長田岩次郎

特別公開
日時＝10月28日(土) 9時〜18時
定員＝なし

61 伏見町 旧宗田家住居 [CuteGlass Shop and Gallery]

大正時代の古民家を改装し、オリジナルのルームフレグランス、ガラス雑貨、ジャムなどを取り扱うショップ＆ギャラリーは日本で唯一のガラス瓶専門店として日本精工硝子㈱が運営。蔵ではレトロな瓶を展示。和室の真ん中から防空壕跡をのぞき込む珍しい体験もできる。

所在地 中央区伏見町2-4-4
建設年 1925年／1931年(改築)／2018年(修景・改修)
設計 　不詳／ウズラボ(修景及び耐震補強改修)

特別公開
普段お立ち入りいただけない2階も全て公開。
日時＝10月28日(土)・29日(日)
　　　両日とも10時〜18時／定員＝なし

63 青山ビル

国登録有形文化財

高級輸入食品を扱う野田屋などを展開した野田源次郎邸として建てられた。スパニッシュスタイルの外観を覆い尽くす蔦は甲子園から株分けされたもの。戦後間もなくに青山家が取得してテナントビルに。

所在地 中央区伏見町2-2-6　建設年 1921年
設計 大林組(増築部:伊東恒治)

ガイドツアー

当日先着

当日御財印も配布いたします。

日時＝10月28日(土)・29日(日) 両日とも
　　　①10時〜 ②10時30分〜 ③11時〜
　　　④11時30分〜 ⑤14時〜 ⑥14時30分〜
　　　⑦15時〜 ⑧15時30分〜 ⑨16時〜
　　　⑩16時30分〜(各25分)
定員＝各4名
案内人＝青山修司・青山正美(建物所有者)

Salondes有香衣

お部屋の一部公開と「御財印(スタンプ)」の紹介

日時＝10月28日(土)・29日(日) 両日とも
　　　①10時〜12時 ②14時〜17時
定員＝なし

青山ビル展示

青山ビルに関連するものなどを展示します。

日時＝10月28日(土)・29日(日)
　　　両日とも10時〜17時
定員＝なし

国造焼四代目「山本佳靖作品展」2023

陶芸作家(鳥取県倉吉出身)の作品展示販売します。

日時＝10月28日(土)・29日(日)
　　　両日とも12時〜19時
定員＝なし
●展示期間は10/25(水)〜10/31(火)です。(イケフェス大阪メイン期間以外にもご覧いただけます)

64 旧小西家住宅史料館

国指定重要文化財

船場の町人の暮らしを今に伝える貴重な存在。戦災を免れた船場の町家としては最大規模。二代目・小西儀助が建てた。ボンドで有名なコニシが2020年から史料館として公開。

所在地 中央区道修町1-6-9　建設年 1903年　設計 不詳

休日特別開館

要申込

2020年に開館した旧小西家住宅史料館を休日に公開いたします。

日時＝10月28日(土) ①10時〜 ②11時15分〜
　　　③13時〜(各60分)
定員＝各10名

65 生駒ビルヂング [生駒時計店／サービスオフィス北浜T4B]

国登録有形文化財 大阪セレクション

当時の最先端の意匠・アール・デコをまとった生駒時計店の店舗兼事務所ビル。屋上の時計は幾何学的でモダン、時計塔の下の縦に長い出窓と2階の丸窓は時計の振り子のよう。そして内部の階段の豪奢さと言ったら。

所在地 中央区平野町2-2-12　建設年 1930年　設計 宗建築事務所

特別公開＆ギャラリートーク	生駒ビル点鐘式　要申込
日時＝10月28日（土）・29日（日） 　　　両日とも13時〜17時 定員＝なし	日時＝10月28日（土）・29日（日） 　　　両日とも12時〜12時15分 定員＝各1名

66 大阪ガスビルディング　国登録有形文化財 大阪セレクション

設計は大阪倶楽部と同じ安井武雄による。時代の最先端を行く幾何学的な外観が都市改造の一環として拡幅された御堂筋に適合している。戦後に増築された建物の北側半分にも、そのデザインが生き生きと引き継がれている点も見どころ。

所在地 中央区平野町4-1-2　建設年 1933年（南館）／1966年（北館）　設計 安井武雄（南館）／安井建築設計事務所（佐野正一）（北館）

特別公開

自由見学、QRコードを読み込むタイプの音声解説あり。スマートフォン及びイヤホンをご持参ください。

日時＝10月28日（土）・29日（日）
　　　両日とも10時〜17時／定員＝なし

押花ワークショップ　当日先着

NHK朝ドラ「らんまん」で制作協力した注目の押花アーティスト杉野宣雄氏が監修する押花WSを開催!!

日時＝10月28日（土）・29日（日）
　　　両日とも10時〜17時／定員＝なし

語りと音楽の生演奏による語りベシアター　要申込
「ガスビルを設計した建築家・安井武雄──その人生と作品の魅力」

日時＝10月28日（土）①15時〜 ②17時〜（各35分）／定員＝各100名程度

67 小川香料株式会社 大阪支店

1893年に小川香料は香料を専業として創業。日本で最も歴史のある香料専業会社の旧本社ビル。全体にアールを用いたアール・デコ調のデザインで、テラコッタによって縁取りされた庇が窓を貫通するデザインがユニーク。2019年に大規模な改修工事を行い、最上階を減築して新築当初の形に戻した。

所在地 中央区平野町2-5-5　建設年 1930年／1963年（増築）／2019年（減築リノベーション）　設計 本間乙彦

特別公開（1階エントランス、階段ホールのみ）

日時＝10月28日（土）・29日（日）両日とも10時〜16時／定員＝なし

68　オービック御堂筋ビル

新しい街並み誘導のルールに基づき、高さ・容積等を地区計画で緩和した100m超のオフィスとホテル「ザ ロイヤルパークホテル アイコニック 大阪御堂筋」の複合ビル。御堂筋側だけでなく、北側には御霊神社に配慮した参道空間を整備し賑わいを創出している。

所在地 中央区平野町4-2-3
建設年 2020年　設計 鹿島建設

ガイドツアー　　　　　　　　　　要申込

オフィスフロア見学、ホテルロビー・客室見学、2階展示室の案内等

日時＝10月28日（土）・29日（日）両日とも
　　①11時～ ②14時～（各60分）
定員＝各15名
案内人＝鹿島建設株式会社社員
　　　　（当ビル設計・施工など関係者）

ワークショップ

ラジコン重機の操作体験、地震の揺れが体験できるポータ震（ブル）、みんなで釘打ちハリネズミづくり

日時＝10月28日（土）・29日（日）
　　両日とも11時～16時
定員＝なし

その他

「建築技術紹介」オービック御堂筋ビルと鹿島（BIM、VR）、鹿島の環境技術、2025大阪・関西万博の建築、施工建物（姫路城修復等）紹介

日時＝10月28日（土）・29日（日）両日とも11時～16時
定員＝なし

出張書店：新建築書店 | POST architecture.books

建築専門雑誌社「新建築社」とアートブック専門書店「POST」が共同で運営する「新建築書店（東京、外苑前）の出張書店です。1925年大阪に創業した「新建築」にてこれまで掲載された「生きた建築ミュージアム・大阪セレクション」の連載記事紹介も行う予定です。

日時＝10月28日（土）・29日（日）両日とも11時～16時
定員＝なし

出張書店：鹿島出版会

1963年に鹿島守之助が創立した「鹿島出版会」は、今年60周年を迎えました。「SD選書」をはじめ、建築・デザイン系のベストセラーを販売いたします。

日時＝10月28日（土）・29日（日）両日とも11時～16時／定員＝なし

69　アートアンドクラフト大阪ショウルーム＆オフィス

📷 Photo. Ai Hirano

1994年に設立された時には、今のように「リノベーション」が日常的な言葉になったり、建築と不動産がつながったり、個性的な宿泊施設が運営されたりするとは想像できなかった。時代を切り開いた遊び心が、事務所の雰囲気からも伝わる。

所在地 西区京町堀1-13-24-1F　創業年 1994年

「まだがんばらせてください | 蚤の市」

リノベーションの現場で不要になったけど魅力的なものや端材、アンティーク家具など、ここだけのものに出会える蚤の市を開催します。

日時＝10月28日（土）・29日（日）両日とも10時～16時
定員＝なし

70 船場ビルディング

外からは想像がつかないのが、玄関を抜けた先にある中庭。空の下、4階までの外廊下が全部見える。大正時代の船場で荷馬車などを引き込むのに便利なようにと考えたつくり。それが今も、このビル独特の親密感を生んでいる。

所在地 中央区淡路町2-5-8　建設年 1925年　設計 村上徹一

特別公開

日時＝10月28日（土）・29日（日）
　　　両日とも11時～16時
定員＝なし

71 大塚グループ大阪本社 大阪ビル

鋭角な三角形のカーテンウォールが特徴的なオフィスビル。三角形は単なるデザインではなく、構造と一体化したダイヤゴナル・フレームとなっていて、執務空間の無柱化を実現している。隣接して設けられた事業所内保育園の屋根も三角形というこだわりぶり。

所在地 中央区大手通3-2-27　建設年 2014年
設計 日建設計

ガイドツアー

当日先着

見学コースを増やし、社員しか入れないフロアもご案内いたします
日時＝10月28日（土）・29日（日）両日とも
　　　①10時30分～　②11時30分～
　　　③13時30分～　④14時30分～
　　　⑤15時30分～（各30分）
定員＝各10名

特別公開

日時＝10月28日（土）・29日（日）両日とも
　　　①10時～12時 ②13時～16時
定員＝なし

72 フジカワビル

戦後復興期に村野藤吾が手がけた画廊ビル。ガラスブロックの壁にサッシをはめ込んだ入れ子状のファサードが面白い。フジカワ画廊だった1階と2階を2016年に改修、新たに老舗の楽器店・丸一商店が店舗を構えた。

所在地 中央区瓦町1-7-3　建設年 1930年／2002年
設計 村野・森建築事務所（村野藤吾）

橋爪紳也建築ミニチュアコレクション展・嵯峨御流いけばな教室ミニミニ発表会

日時＝10月28日（土）・29日（日）両日とも13時～17時
定員＝なし

73 綿業会館 国指定重要文化財

街に品格を与える外観。内部の吹き抜けを囲んで、豪奢な各室が並ぶ。民間の紡績繊維産業関係者の寄付で建設され、今も使われている重要文化財。大阪の歴史的な公共性がヨーロッパやアメリカの都市と近いのが分かる。

所在地 中央区備後町2-5-8　建設年 1931年
設計 渡辺 節氏（村野藤吾氏がヘッドドラフトマンとして参加）

館内見学 要申込

日時＝10月28日（土）
　　　①10時30分〜　②13時〜　③15時〜
　　　10月29日（日）
　　　①10時30分〜　②13時〜（各60分）
定員＝各40名／案内人＝槙島昭彦（事務局長）、
吉山裕二（総務部長）

74 輸出繊維会館

不思議なたたずまいをしている。外壁のイタリア産トラバーチンとアルミサッシの組み合わせが品位と未来感を織り成し、玄関庇は凝ったデザイン。内部の繊細な階段や家具類も未来なのか過去なのか、これぞ村野藤吾の世界。

所在地 中央区備後町3-4-9　建設年 1960年
設計 村野・森建築事務所（村野藤吾）

ガイドツアー 要申込

20世紀の日本を代表する建築家、村野藤吾の粋がつまった名建築を、村野研究の第一人者の解説で味わいます。

日時＝10月28日（土）
　　　①10時〜　②11時15分〜　③14時〜
　　　④15時15分〜（各60分）
定員＝各20名／案内人＝笠原一人

75 日建設計大阪オフィス

住友ビルディング（現：三井住友銀行大阪本店）を設計した住友本店臨時建築部を源流にもつ国内最大規模の建築設計事務所。慣れ親しんだ淀屋橋の西エリアから、本町（御堂筋沿い）に大阪オフィスを移転。アクティビティを高めるワークプレイスを目指して、様々な試みに挑戦中。

所在地 中央区瓦町3-6-5　創業年 1900年

「チャレンジの軌跡展 Vol.2 ―設計事務所が設計事務所を設計すると何が生まれるか―」

日時＝10月28日（土）10時〜17時
　　　10月29日（日）10時〜16時
定員＝なし

76 本願寺津村別院 [北御堂]

戦後、鉄筋コンクリート造で復興された本堂は、幅広い御堂筋に負けない長い門、象徴的な階段、明瞭な内部など、他に類を見ない都市的なデザイン。世界の丹下健三を押し立てた東大教授・岸田日出刀の構想力が冴える。

所在地 中央区本町4-1-3　建設年 1962年　設計 岸田日出刀

特別公開

日時＝10月28日（土）・29日（日）
　　　両日とも10時〜16時
定員＝なし

77 御堂ビル［竹中工務店大阪本店］

御堂筋沿いの高さが31mで揃っていた時代を代表する竹中工務店の大阪本店ビルである。外装は、日本の風土を意識し有田で焼いた茶褐色の特注タイルと、リズムよく配された陰影のあるステンレス製窓で構成されている。

所在地 中央区本町4-1-13　建設年 1965年　設計 竹中工務店

ワークショップ

みんなでつくろう！未来の積み木のパビリオン
〜木の香りと温かみを感じよう〜

日時＝10月28日（土）・29日（日）
　　　両日とも10時〜16時／定員＝なし

ワークショップ

ミッション発動！建設ロボットを操縦せよ!!

日時＝10月28日（土）・29日（日）
　　　両日とも10時〜16時／定員＝なし

ガイドツアー 　　当日先着

御堂ビルの秘密をさがせ!!
〜御堂ビルたんけん隊になってクイズに参加して景品をゲットしよう〜

日時＝10月28日（土）・29日（日）両日とも
　　　①10時30分〜　②13時〜　③15時〜（各60分）
定員＝各60名

「伝える建築展 −思考の足跡−」

設計のアイデアが生まれる瞬間や検討の過程をご紹介します。

日時＝10月28日（土）〜31日（火）10時〜16時／定員＝なし

78 大阪商工会議所

片岡安が設計した堂島の近代建築から、1968（昭和43）年に松屋町沿いに移転して建てられた大阪商工会議所ビルは、素材やディティールに見どころの多い「いいビル」。ビルの横には初代会頭でもある五代友厚をはじめ、大阪の近代化、国際化に功績のある土居通夫、稲畑勝太郎の像が建つ。

所在地 中央区本町橋2-8　建設年 1968年
設計 日建設計

ガイドツアー 　　要申込

国際会議ホールや通常非公開の特別会議室に加え、五代友厚像、若宮商工稲荷神社などをご案内します。

日時＝10月28日（土）①9時15分〜
　　　②10時15分〜　③11時15分〜（各30分）
定員＝各20名
案内人＝大阪商工会議所職員

504 都住創ツアー

1970〜80年台を中心に「都市に住む」という目標を掲げ、大阪市内に20のコーポラティブ住宅を完成させた都住創（都市住宅を自分達の手で創る会）。そんな都住創シリーズの見学ツアーを現在都住創の住まい手たち自らの案内で実施します。

◎ Photo. 田籠哲也

日時＝10月29日（日）　　要申込
　　　13時〜（120分）
定員＝20名

79 β本町橋

市内現役最古の橋である本町橋のたもとにオープンした、水都・大阪の新たな実験基地。都市木造の開放的な空間が、水辺と街と人をつなぐパブリックスペースとなるよう、様々なプロジェクトを展開している。フードや書籍などの物販も充実。

所在地 中央区本町橋4-8　建設年 2021年
設計 MIST+髙橋勝建築設計事務所

東横堀川の「橋」展
東横堀川に架かるいろんな橋橋の貴重な図面や写真を展示。

日時＝10月28日（土）・29日（日）
　　　両日とも11時〜18時
定員＝なし

トークセミナー「大大阪の橋デザイン」 [要申込]
大大阪と言われた時代に多くの橋が架けられた大阪。当時どのような考え方で、どのように橋が設計されたのか。阿久井康平先生（大阪公立大学）をお招きし、貴重な当時の設計図を解説いただきながら、お話しを伺います。

日時＝10月28日（土）13時30分〜（90分）
定員＝25名

80 山本能楽堂　　　　国登録有形文化財

1927年に創設された、今や全国でも珍しい木造3階建の能楽堂。大阪大空襲によって焼失したが、早くも1950年に再建。2011年に改修を行い、新、新旧が融合する開かれた能楽堂となった。

所在地 中央区徳井町1-3-6
建設年 1927年／1950年（再建）／2011年（改修）
設計 山田組（再建）／安井建築設計事務所（改修）／
　　graf（改修）

山本能楽堂の一般公開
日時＝10月28日（土）14時〜17時
定員＝なし

81 大阪商工信用金庫本店ビル　　[大阪セレクション]

2017年竣工の本店ビルは安藤忠雄の設計。かつてあった本町ビル屋上を飾っていた、建築家・今井兼次による巨大なレリーフを、最新の3D技術を用いて復元し、誰でも近づける2階水庭に再生した。

所在地 中央区本町2-2-8　建設年 2017年　設計 安藤忠雄

水庭コンサート　　[当日先着]
今井兼次作のモニュメントをバックに、
大阪国際音楽コンクールによる水上ステージ演奏会を開催します。

日時＝10月28日（土）13時〜（30分）
定員＝45名

82 久米設計大阪支社

戦後の団地計画に大きな足跡を残した建築家、久米権九郎が創立した組織設計事務所。大阪における団地の先駆けとして知られる大阪市営古市中団地には、ドイツに学んだ久米の知見が大いに活かされた。

所在地 中央区本町4-3-9　創業年 1953年

特別公開（ワークショップ体験あり）
日時＝10月28日（土）・29日（日）
　　　両日とも10時〜17時
定員＝なし

83 オリックス本町ビル

超高層ビルの多くない西本町界隈にあって、ひときわ目立つオリックスの大阪本社ビルは、高さ133mの地上29階。28階に設けられたオープンエアの展望テラスからは、大阪の夜景を360度楽しむことができる。

所在地 西区西本町1-4-1　建設年 2011年　設計 竹中工務店

休日特別開館
日時＝10月28日（土）・29日（日）
　　　両日とも15時〜20時
定員＝なし

84 船場センタービル

70年大阪万博までに都心の高速道路網を完成させるため、ビルの上に道路を載せるという大胆なアイデアが採用された全長約1kmの巨大都市構築物。かつては茶色のタイル張りだったが、2015年に現在のパネルに改修された。

所在地 中央区船場中央1〜4　建設年 1970年
設計 日建設計・大建設計

道路一体構造物の見学会　当日先着
日時＝10月28日（土）10時〜（60分）
定員＝最大30名／案内人＝近江大典、和嶋佑
（㈱大阪市開発公社 職員）

85 遠藤克彦建築研究所 大阪オフィス（江戸堀ウエストビル）

JIA日本建築大賞を受賞した「大阪中之島美術館」の設計者である建築家・遠藤克彦が、建設地・中之島の近くに備えた建築設計事務所。倉庫をリノベーションした伸びやかで機能的な空間に、スタッフの熱気が溢れる。

所在地 西区江戸堀1-22-19　創業年 1997年

特別公開
セッケイ・ロードのスタンプラリー共通展示に加え、事務所紹介、プロジェクトのパネルを展示する予定です。
日時＝10月28日（土）・29日（日）
　　　両日とも10時〜17時／定員＝なし

リバーサイドビルディング

セッケイ・ロード ～建築と街の未来へつづく道～

普段は切磋琢磨し活動している設計事務所が、イケフェス大阪に合わせて連携する特別企画 "セッケイ・ロード"。北船場の高麗橋通から東西に伸びる通りを "セッケイ・ロード" と命名し、通り沿いの設計事務所が「イケフェス大阪を盛り上げよう！」と2019年に始まりました。名づけ親は、皆様ご存じ、宮沢洋さん（画文家、編集者）。今年は、昨年より範囲が広がり10の設計事務所が参加します。設計事務所とはいったいどんなところなのか？ どんな建築を生み出しているのか？ どんな人が働いているのか？ "セッケイ・ロード" をめぐってそれぞれの事務所の個性を見つけてみてください。

プログラム

共通展示 きっかけの1枚！いちおしの1枚！

参加10事務所の共通の展示企画。各事務所スタッフの原風景、好きでたまらない建築、どうしても伝えたいこと？ など、それぞれの個性を切り取った写真やスケッチをご紹介します。各事務所にて、展示します。

スタンプラリー これって何のどの部分？ 建築ディテールスタンプラリー

設計事務所をめぐって、スタンプを4個以上集めると各日合計先着100名様にオリジナルグッズをプレゼント！
イラストはもちろん宮沢洋さんに描いていただきました！

🎁 プレゼント配布場所（4ヶ所）：昭和設計・東畑建築事務所・日建設計・安井建築設計事務所
※配布時間は各事務所の開館時間をご確認ください。※28・29日の各日、なくなり次第終了となります。

各事務所の代表作が登場！どんなイラストが現れるかお楽しみに！

1 昭和設計本社

建築と水工、ふたつの設計部門を持つ昭和設計ならではの作品。生活に欠かせないライフラインについて、楽しく学べる建物で、今年イケフェスに初参加！自慢の展示を昨年リニューアル、当館独自のスタンプラリーも楽しめるので、ぜひ訪問してみてください。

27 ジオ-グラフィック・デザイン・ラボ

福井県高浜町に竣工した、周囲の漁村集落より参照された外形が特徴的なフィッシュマーケット。買い物だけでなく、屋上テラスでのイベントなどでも活用されています。事務所公開では様々なプロジェクトを通して、設計プロセスをご覧いただけます。

33 浦辺設計

1960年に難波に竣工した工芸館の特徴的な部分です。打ち放しコンクリートの斜めの庇は、雨から外壁の汚れを防ぐと共に、伝統的な軒庇に通じる意匠です。創業者である浦辺鎮太郎のオリジナルで、当時ウラベットとも呼ばれていました。

51 安井建築設計事務所 本社・大阪事務所

当社は、来年、創業100年を迎えます。その歴史の大半をともにしている建物です。コーナーのアール、黒と白の対比、水平ライン、増築を感じさせない一体感が魅力。1933年の竣工以来、御堂筋と歩み続けている現役のオフィスビル、まさに生きた建築！

53 東畑建築事務所 本部・本社オフィス大阪

昨年12月、創立90周年を迎えることができました。この間、様々なお客様との出会いがあり、ご要望、ご期待にお応えすることを第一義として真摯に設計に携わってまいりました。この不思議な造形は、ある建物を約60年間守り続けてきた建物部位の拡大です。

57 日本設計関西支社

日本設計関西支社は大阪のシンボル「大阪城」を中心とした1/1000の都市模型を展示し、そこにみなさんがつくる建物模型で大阪の未来像を仮想するワークショップを開催します。スタンプのイラストは昨年オープンの大阪環状線から一望できるホテルです。

75 日建設計 大阪オフィス

来年竣工120周年を迎える大阪を代表する歴史的建造物で国指定重要文化財。セーヌ河岸を思わせる中之島に建ち、威風堂々とした古典的佇まいが絵になります。1か所だけ窓の意匠が違うところがあるのですが、さてどこでしょう。

82 久米設計大阪支社

駅ビルを中心にコンコースや高架下店舗、周辺の街路空間を一体的に整備し、賑わいを周辺街区へ繋げる「えきまち空間」を創出。低層部は阪神淡路大震災後に解体された旧ビルのフォルムを踏襲し、まちの記憶の継承を試みました。

85 遠藤克彦建築研究所 大阪オフィス

2022年2月2日、大阪中之島に開館した関西を代表する大規模な美術館です。大きな黒い直方体型の外観を特徴とし、内部には1階から5階までの吹き抜け、天井から柔らかく光が降り注ぐ立体的な「パッサージュ」を有しています。

123 光井純＆アソシエーツ 建築設計事務所関西オフィス

jmaはデザインを通して街の魅力を向上させ社会に貢献します。代表作の1つに和傘をモチーフにデザインしたホテルの車寄せがあります。ここでは国内外の多くの来訪者が日本の伝統的なシルエットや卓越した木造技術にふれることができます。

「大阪セレクション」第2期選定記念企画

淀屋橋竹村ビル

対談01

高松伸 | 建築家／京都大学名誉教授
橋爪紳也 | 大阪公立大学研究推進機構特別教授

撮影：沖本明

出雲大社に圧倒された

橋爪　「生きた建築ミュージアムフェスティバル大阪」、通称「イケフェス大阪」は、今年2023年で10周年を迎えます。昨年は138の建物を公開し、今年はさらに「大阪セレクション」の第2期に選定された建物も、多く参加していただいています。高松先生の「淀屋橋竹村ビル」（旧淀屋橋今西ビル3、通称HILIS）もそのうちのひとつです。

　歴史的に価値のある建物を残す機運を起こすことと同時に、より優れた建物を生み出していくことが、大阪の建築文化を高めるために必要だと私は考えています。建築に対して理解のある人をどれだけ増やしていけるかが、私たちのミッションです。1988年に竣工した淀屋橋竹村ビルは、新陳代謝を求めた80年代の大阪の街の空気感を今日に伝えてくれている作品だと感じています。

高松　イケフェス大阪も参加者がどんどん増えて毎年延べ5万人と聞いています。建築マニアの方がそんなにいるんですね。すごいことです。

　僕が、建築家になろうと明確に思ったきっかけは出雲大社なんです。かつて出雲の大社町に親戚があり、祖父に連れられてよく行きました。地元の子どもたちと遊ぶわけですが、夕方になるとみんな帰ってしまう。ある日一人で祖父を待ちながら、迷って御本殿の裏に入り込んでしまいました。その時、夕日を背に受けた、黒々とした巨大で得も言えぬ存在に圧倒されてしまった。これはいったいなんだろう…と。でも、その時は全くわかりません。その後、中学生のころ東京オリンピックのための建設が始まり、新聞で国立競技場と建築家の丹下健三を知りました。そしてわかったのです。あの時の得体の知れぬ存在は建築というものであり、それをつくるのは建築家なんだ…と。

橋爪　それは強烈な原点ですね。見た目よりも建物の存在感に惹かれたのでしょうか。

高松　出雲大社も代々木競技場もデザインはともかく、そのスケールと威容に魅了されたわけです。そして、それこそ自分の手で実現したい…と。ということで建築家になるために、京都大学を志しました。東京も考えましたが、母親が病弱であまり遠くに行かないでおこうと思い。ともあれ、京都はそれこそ出雲大社のような建築の宝庫ですからね。

建築が落ちてくる

高松　意外と小さな都市だな…というのが京都の最初の印象でした。その印象にそれ以来こだわり続けています。

　時に「京都の建築家」などと言われますが、デザインモチーフとしての京都らしさを意識することはありません。形態や意匠ではなく、なによりもその「小ささ」が京都らしさの真髄であると考えています。僕はそれを「縮んだ寸法大系」と呼んでいますが、京都の空間の隅々は古来女性の立ち居振舞いによってかたちづくられているという歴史に起因しているのかもしれません。ともあれ、その少し縮んだスケールがなんとも身体に心地よい。コンクリートや

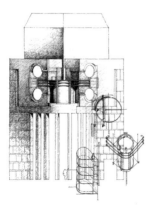

淀屋橋竹村村ビル　ファサードスケッチ

淀屋橋竹村村ビル（1988年）　撮影：西岡潔

鉄を使った建築であっても、そのスケールに意識的である限り、人間に近い建築をつくることができるかもしれない…と。

橋爪　私が大学生のときに歩いた北山通りでは、町のなかの高松先生の建築がうまくその時代と交わる、そんな感じがありました。京都といえば、事務所を設立された初期に「織陣I」を設計されていますね。

高松　たまたま知り合って呼ばれて行った先が帯屋さんでした。大きな町家の中に織り機がびっしり並んでいました。で、いきなり、建て替えるので設計してくれ、と。君がこれこそ建築であると思うものをつくってくれ、使い方はあとで考える…と。とんでもない注文です。夢中でスケッチを描き続けました。今でもそうなのですが、とにかく何枚も何枚もスケッチを重ねます。そうすると、ある時突然ストンとスケッチの上に落ちてくる。それまでのスケッチの山のどこを捜してもその片鱗もないものが。理由も無く、根拠も無く、それこそスケールさえも無い、ただただ建築としか呼べないようなものが…。その時もそのような瞬間が訪れました。その落ちてきたものを描いたたった1枚のスケッチを見せました。

キリンプラザ大阪（1987年）　撮影：nacasa & partners Inc
1989年日本建築学会賞、1998年メセナ大賞'98「メセナ普及賞」

大阪のど真ん中に大阪の灯りを灯した

橋爪　1987年に先生の代表作となる「KPOキリンプラザ大阪」が完成します。あのアイコニックな建物がなくなってしまったことが私は本当に残念です。世界各国から大阪に来た観光客が、グリコのネオン

サインとともに、先生の作品を記念に撮影していました。キリンビールの社内で建築家を選ぶコンペがあったとうかがっていますが、最初からあのデザインを提案されたのでしょうか。

高松　案ではなく設計者を選ぶコンペでした。他の参加建築家のことは全く知りませんでした。結果僕が選ばれ、ひと月後、取締役会でプレゼンすることになりました。案を提示しました。が、ひと言、実は僕はこの案を全然気に入ってません…と。二週間後に再度プレゼン、再びこの案も気に入ってません…と。流石に社長は激怒。我が社の記念事業を君はなんと心得ておるのだ！…と。とはいえ、なんとか最後の頼みの二週間を頂戴し、背水の陣の三回目で案が決定しました。

橋爪　第2案までは行燈はなかったんですね。

高松　なかったですね。ただ、何度も敷地に足を運んで、道頓堀の灯りが常に頭のなかにはありました。それがいきなり形になったということかもしれません。2008年に建築そのものは消失してしまいましたが、いっときであろうと、大阪のど真ん中のあの場所を訪れた人々の心に大阪の灯を灯したからまあいいか…という思いはあります。

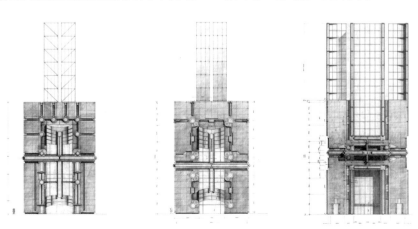

キリンプラザ大阪スケッチ　左から初期案／第二案／最終案

ベトナムバデン山プロジェクト
（2023年完成予定）

ベトナム、そして原点の出雲大社へ

橋爪　その後、大阪での作品がいくつか竣工します。大阪のクライアントとのご縁があったのでしょうか。

高松　高麗橋今西ビル（アルテミス）と淀屋橋竹村ビルは同じクライアントです。三宮と東京のテナントビルも担当しました。クライアントのコンセプトは至極明快です。有名建築家による有名建築です。作風をしっかり理解してくれた上での要請なので、存

高麗橋今西ビル（1992年）　ドローイング

分に応答することが可能でした。アルテミスは少なからず特異な形態ですが、敷地の形状ゆえに必要とされる非常階段を逆手に取ってファサードとしてデザインするという構成です。

橋爪　なるほど。掌に落ちてきたデザインに機能を入れていく、という感じでしょうか。高松先生の設計スタイルに通底しているものを感じます。最後に、いま進行中のものについても教えてください。

高松　ベトナムで仏教をテーマにした観光拠点開発プロジェクトシリーズに携わっています。そのひとつのホーチミン西のプロジェクトが年内に完成します。聖地であると同時に美術館や3000人収容のホール機能などを合わせ持つ施設です。半世紀以上を経て、ついに原点の出雲大社に立ち返っているような感慨があります。

高松 伸（たかまつ・しん）　1948年島根県生まれ。建築家。京都大学工学部建築学科卒業後、川﨑清環境建築研究所、京都大学大学院博士課程修了を経て、1980年高松伸建築設計事務所設立。1984年日本建築家協会新人賞（織陣I）、1989年日本建築学会賞（キリンプラザ大阪）、そのほかBCS賞、公共建築賞など。

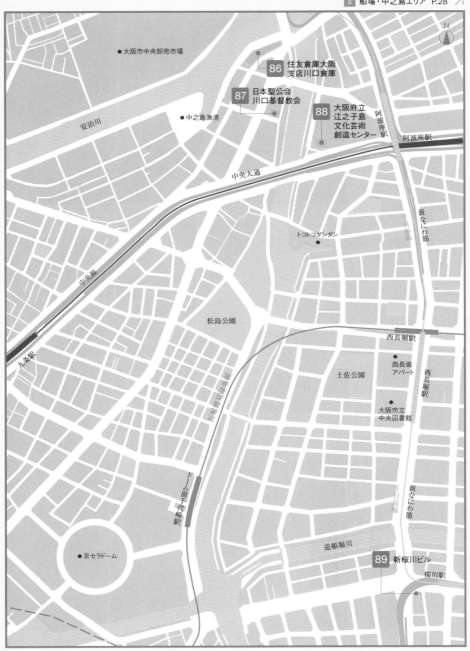

● 大阪市中央卸売市場

86 住友倉庫大阪
支店川口倉庫

87 日本聖公会
川口基督教会

88 大阪府立
江之子島
文化芸術
創造センター

● 中之島漁港

安治川

阿波座駅

阿波座駅

中央大通

新なにわ筋

中央線

● トコトコダンダン

千日前線

松島公園

西長堀駅

● 西長堀
アパート

西長堀駅

土佐公園

大阪市立
中央図書館

長堀鶴見緑地線

九条駅

ドーム前千代崎駅

道頓堀川

新なにわ筋

千日前線

89 新桜川ビル

桜川駅

● 京セラドーム

Ⅴ ミナミ②・新世界エリア　P.72 ↘

86 住友倉庫大阪支店 川口倉庫

かつてこの場所が貿易港として栄えたことを今に伝える、鉄筋コンクリート造の倉庫建築。安治川に面した白い巨大な壁面とその構造は、倉庫に求められた「堅牢」さをそのまま体現している。

所在地 西区川口2-1-5　建設年 1929年　設計 住友合資會社工作部

スペシャルツアー　要申込

旧居留地川口のイケフェス大阪初参加建物を中心に複数巡ります。(88 大阪府立江之子島文化芸術創造センター～トコトコダンダン～ 86 住友倉庫大阪支店川口倉庫～ 87 日本聖公会川口基督教会 ほか)

日時=10月28日(土) 13時～(110分)
定員=20名
案内人=髙岡伸一(近畿大学准教授)ほか

87 日本聖公会 川口基督教会

かつて外国人居留地だった川口に建つ教会は、ゴシック様式をもとにしたイギリス積レンガ造で、礼拝堂の屋根を支える木製のシザーズ・トラスが空間に緊張感を与えている。施工は大阪教会と同じ岡本工務店が担当した。

所在地 西区川口1-3-8　建設年 1920年／1998年(復元)
設計 ウィリアム・ウィルソン

特別公開

日時=10月28日(土) 10時～17時
　　　10月29日(日) 13時～16時／定員=なし
●29日は川口フェスターもやっています。

ガイドツアー

日時=10月28日(土)・29日(日) 両日とも14時～
定員=28日(土)なし、29日(日)250名
●29日はパイプオルガンコンサート付きです。

88 大阪府立江之子島 文化芸術創造センター

1874年、ここ江之子島に立派な洋風建築の大阪府庁舎が建てられた。1926年に現在の大手前に府庁が移転した後、大阪府工業奨励館となり、その増築棟として戦前に建てられ残ったのがこの建物。長らく使われなかったが、2012年にアートセンターへと再生。

所在地 西区江之子島2-1-34　建設年 1938年(大阪府工業奨励館附属工業会館)／2012年(リノベーション)
設計 不明

ガラスレリーフおよび写真資料の展示

工業会館当時のエントランスに設置されていた、アールデコ調のガラスレリーフの実物を展示。当館の変遷の歴史についての写真資料等も併設。

日時=10月28日(土)・29日(日)
　　　両日とも10時～20時
定員=なし／展示場所=4階ライブラリー

89 新桜川ビル

低層部に店舗や事務所を配した「併存住宅」。バウムクーヘンのような形が阪神高速のカーブと呼応して、ダイナミックな都市景観を創出。2015年、アートアンドクラフトが現代的にリノベーション。

📷 Photo. Yoshiro Masuda

所在地 浪速区桜川3-2-1
建設年 1959年／2015年(リノベーション)
設計 大阪府住宅協会(現・大阪府住宅供給公社)

これからの『生きた建築展』by 大阪R不動産

新しい視点で不動産を発掘してきた大阪R不動産が未来の『生きた建築』候補をセレクションしました。

日時=10月28日(土)・29日(日)
　　　両日とも10時～17時／定員=なし

↑ Ⅱ 船場・中之島エリア P.28-29

↓ Ⅴ ミナミ②・新世界エリア P.72-73

90 井池繊維会館
[ドブカン]

国登録有形文化財

長らく外壁を金属の新建材で覆われていた、大正時代の元銀行建築を、2016年にリノベーション。建物のコンセプトに共鳴するテナントの集積やイベントの開催など、井池筋活性化の新たな拠点として活用が進む。

所在地 中央区久太郎町3-1-16　建設年 1922年／2016年（リノベーション）　設計 不明／高岡伸一建築設計事務所（リノベーション設計）

> ### 休日特別営業／パネル展示
> 日時＝10月28日（土）・29日（日）
> 　　　両日とも11時〜17時
> 定員＝なし

91 三木楽器開成館

国登録有形文化財

商いと共に、文化の発信地でもあった心斎橋筋の歴史を今に伝える近代建築。創業100周年を記念して1924年に建てられ、今も現役で使われ続けている。大きく改修されているが、1階の店舗内装には当時の意匠やステンドグラスなどがよく残る。

所在地 中央区北久宝寺町3-3-4　建設年 1924年
設計 増田建築事務所（増田清）

> ### 特別公開
> 日時＝10月28日（土）10時〜12時

92 長瀬産業株式会社 大阪本社ビル

大阪セレクション

初代通天閣を設計した設楽貞雄による近代建築と並ぶ増築棟は、当時竹中工務店に所属した永田祐三の設計による高層ビル。装飾を自在に操る永田だからこその抑えた表現が、新旧に高度な調和を生みだしている。

所在地 西区新町1-1-17
建設年 1928年（本館）／1982年（新館）
設計　設楽建築工務所（設楽貞雄）（本館）／
　　　竹中工務店（永田祐三）（新館）

> ### 1階エントランスホールの特別公開
> 日時＝10月28日（土）10時〜16時
> 定員＝なし

> ### 館内ガイドツアー
> 要申込
> 日時＝10月28日（土）①11時〜 ②13時〜（各45分）
> 定員＝各20名

93 堺筋倶楽部

大阪セレクション

2001年にレストランへと再生されたことで、船場の近代建築に注目が集まるきっかけをつくった、バロック調の濃密な装飾が特徴の元銀行建築。2022年に新たにリニューアルされ、食を中心とした複合施設へと生まれ変わった。

所在地 中央区南船場1-15-12　建設年 1931年
設計 川崎貯蓄銀行建築課

特別公開

館内を自由に巡っていただける機会です

日時＝10月28日（土）・29日（日）
　　　両日とも8時〜19時／定員＝なし

94 大阪写真会館
（Time & Style Osaka）

現在の長谷工コーポレーションが手がけた高度経済成長期の「いいビル」。かつては写真・カメラ関連のテナントが並ぶカメラ好きのメッカだった。ミラノやアムスにも店舗をもつインテリアショップ「TIME & STYLE」が2021年にオープンしたことで、改めてその魅力が浮き彫りに。

所在地 中央区南船場2-7-14　建設年 1963年
設計 長谷川工務店

特別公開

普段は一般公開していない2階の一室を公開し、貴重なガラスブロックを見て頂けます。

日時＝10月28日（土）・29日（日）
　　　両日とも11時〜19時

定員＝なし

95 原田産業株式会社 大阪本社ビル

国登録有形文化財　大阪セレクション

左右対称を崩し、大きなガラス開口をもつ商社の本社ビルは、古典様式から脱却して自由なデザインを模索した小笠原祥光の設計。内部の保存状態も良く、エントランスの吹抜空間に設けられた優雅な階段が素晴らしい。

所在地 中央区南船場2-10-14
建設年 1928年
設計 　小笠原建築事務所
　　　（小笠原祥光）

特別公開

日時＝10月28日（土）10時〜17時
　　　10月29日（日）13時〜17時
定員＝なし

展示

創立100周年を記念して、現代アーティスト　八木夕菜さんの作品を特別展示。

日時＝10月28日（土）10時〜17時
　　　10月29日（日）13時〜17時
定員＝なし

初コラボ企画！大阪農林会館×原田産業スペシャルガイドツアー

南船場に立ち並ぶ2つの名建築。イケフェス大阪10周年を記念してそれぞれの魅力と意外な共通点を特別案内人がご紹介します。

日時＝10月29日（日）①9時〜
　　　②10時〜 ③11時〜（各70分）
定員＝各6名

要申込

96 大阪農林会館

ファッション関係など、感度の高いショップが集まる近代建築として有名。三菱商事のオフィスとして建てられ、今も各階に大きな金庫の扉が残る。この時代としては窓の大きいのが特徴で、室内が自然光で明るく映える。

所在地 中央区南船場3-2-6
建設年 1930年
設計 三菱合資地所部

1930年〜のオリジナルデザインをめぐるスタンプラリー

館内に散りばめられた建設時から残るオリジナルデザインをヒントを手掛かりに探してみよう!

日時＝10月28日（土）10時〜17時
定員＝なし

97 オーガニックビル

9階建てのビルの外壁に、全部で132個の植木鉢が取り付いている。植物が繁ったかのようなエントランスホールのデザインなども有機的で、「生きた建築」にこれほどふさわしい建物もないかもしれない。

所在地 中央区南船場4-7-21 建設年 1993年
設計 ガエタノ・ペッシェ・UDコンサルタンツ

ガイドツアー 要申込

日時＝10月28日（土）①10時〜 ②11時〜
　　　③12時〜（各40分）
定員＝各10名

98 大成閣

創業1953年の歴史をもつ老舗中華料理店で、結婚披露宴など、600名まで収容できるスペースを誇る。心斎橋で数多くの建築を手がけた村野藤吾は、アルミ成形材を用いて立体的なファサードをデザインした。1980年に間口を広げる増築が行われている。

所在地 中央区東心斎橋1-18-12 建設年 1964年／1980年（増築） 設計 村野・森建築事務所（村野藤吾）

特別公開

村野先生がデザインした個性的なファサードや、オリジナルの家具にも注目ください。

日時＝10月29日（日）9時〜18時
定員＝なし

99 大丸心斎橋店本館

ウィリアム・メレル・ヴォーリズが手がけた旧本館の水晶塔や外壁を保存し、アール・デコ様式のインテリアを巧みに再現。大正末から昭和初めの商業空間の華やかさと、現代の保存・再現技術の最先端に出会うことができる。

所在地 中央区心斎橋筋1-7-1 建設年 1933年／2019年（建替え） 設計 ウィリアム・メレル・ヴォーリズ（1933年）／日建設計、竹中工務店（2019年）

ガイドツアー 要申込

閉店後の百貨店を見学するスペシャルツアー。ヴォーリズの名建築を新たな建築へと引き継いだ、現代の最先端技術にも目を向けます。

日時＝10月23日（月）19時30分〜（90分）
定員＝15名
講師＝髙岡伸一（近畿大学建築学部 准教授）

100 心斎橋ビッグステップ

大阪市立南中学校跡地を土地信託制度で再開発、1993年2月に竣工した複合商業建築。アメリカ村の雑多な景観に溶け込む外観は、環境開発研究所と赤松菅野建築設計事務所のデザイン。大空間の吹き抜けに設けられた大階段「ビッグステップ」が施設名称となった。

所在地 中央区西心斎橋1-6-14　建設年 1993年
設計 環境開発研究所・赤松菅野建築設計事務所

ガイドツアー　　　　　　　　　　　　　要申込
日時＝10月28日（土）①11時30分～
　　　　　②13時～ ③14時30分～（各40分）
定員＝各10名
案内人＝設備管理担当者及び運営管理事務所

101 浪花組本社ビル

個性的な商業施設がデザインを競うミナミの繁華街にあって、一際異彩を放つ複雑で立体的なファサードは、村野藤吾の設計による老舗の左官会社の本社ビル。村野は他にも、浪花組関連の建築を数多く手がけた。

所在地 中央区東心斎橋2-3-27　建設年 1964年
設計 村野・森建築事務所（村野藤吾） 👥

ガイドツアー
日時＝10月28日（土）9時～13時
定員＝なし

102 自安寺

日蓮宗の寺院である自安寺は、2018年に逝去した京都大学の建築家・川崎清の設計で、RC打放しと、道頓堀川に面してボックスを積み上げたようなデザインが特徴。家具などにデザイナーの粟津潔が関わっている。

所在地 中央区道頓堀1丁目東5-13　建設年 1968年　設計 川崎清

特別公開
1階 妙見堂の公開（妙見堂は、イケフェス大阪開催日以外も参詣いただけます）。
日時＝10月28日（土）・29日（日）両日とも9時～18時
定員＝なし

103 食道園宗右衛門町本店ビル

老舗の焼肉店が千日前通の拡幅による移転で建てたレストランビル。設計した生山高資はスナックやダンスホールなど商業施設を多く手がけた建築家で、1階は壁や天井など凝りに凝ったオリジナルのデザインが多く残る。

所在地 中央区宗右衛門町5-13　建設年 1968年
設計 生美術建築デザイン研究所(生山高資)

特別公開
生山デザインが残る1階を中心に営業前の特別公開。

日時＝10月28日(土)・29日(日)
　　　両日とも10時〜11時30分
定員＝なし

104 はり重道頓堀本店

国登録
有形文化財

堺で創業した精肉店の老舗。戦後、道頓堀と御堂筋の角地に3階建ての新たな店舗を建設、新世界から本店を移す。太格子や切り妻破風など伝統的な和風建築のモチーフを、大壁の表面に配置するグラフィカルなファサードのデザインが特徴的である。

所在地 中央区道頓堀1-9-17　建設年 1948年

ガイドツアー
要申込

開店前の本店を社長が案内します。

日時＝10月28日(土)10時30分〜11時
定員＝20名
案内人＝藤本有吾(株式会社播重代表取締役社長)

105 BAR川名

大阪
セレクション

2022年にこの世を去った大阪のインテリアデザイナー、野井成正が手がけたバー。現場で自らも手を動かしながらつくりあげていく独特の空間は、2002年の火災で延焼を受けたものの、修復されて今も営業を続けている。

所在地 中央区難波1-1-8　建設年 1992年
設計 野井茂正(内装・インテリア)

特別公開
日時＝10月28日(土)17時〜18時／定員＝なし

← Ⅲ 西船場・川口エリア P.64

桜川駅

汐見橋駅

なんば駅

JR難波駅

なんば駅

大阪難波駅

なんば駅

近鉄奈良線

日本橋駅

味園ユニバース●

千日前通

南海ビル
（高島屋大阪店ほか）●

なんば
スカイオ●

難波駅

四つ橋線

108 なんばパークス

芦原町駅

芦原橋駅

木津川

株式会社モリサワ
本社ビル

109

南海本線

堺筋線

恵美須町駅

木津川駅

大国町駅

今宮駅

木津卸売市場 ●

今宮駅

116 久金属工業株式会社

新今宮駅

新今宮駅

堺筋

動物園前駅

動物園前駅

津守駅

花園町駅

南海汐見橋線

119 鯛よし百番

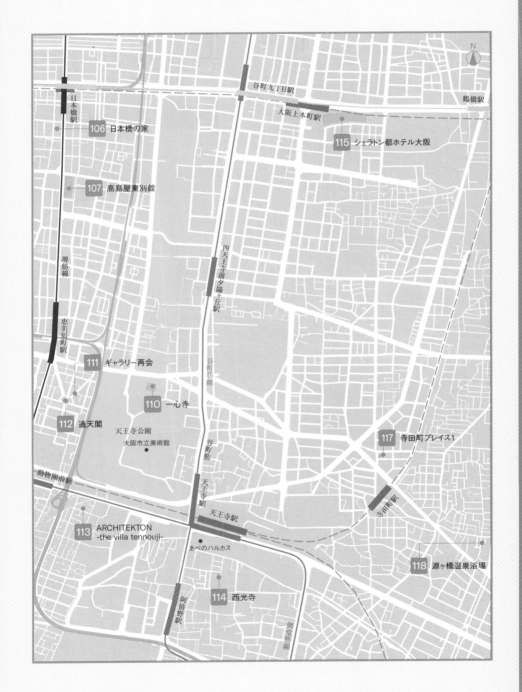

N

谷町九丁目駅

大阪上本町駅

鶴橋駅

日本橋駅

106 日本橋の家

115 シェラトン都ホテル大阪

107 高島屋東別館

堺筋線

四天王寺前夕陽ヶ丘駅

恵美須町駅

111 ギャラリー再会

谷町筋線

110 一心寺

112 通天閣

天王寺公園

大阪市立美術館

谷町筋

117 寺田町プレイス1

動物園前駅

寺田町駅

天王寺駅

天王寺駅

113 ARCHITEKTON
-the villa tennouji-

あべのハルカス

118 源ヶ橋温泉浴場

阿倍野駅

114 西光寺

御堂筋線

106 日本橋の家

世界的建築家・安藤忠雄が、間口たったの2.9mの条件に挑んだ。トレードマークの打放しコンクリートで、奥行き約15mの土地に設計した4階建。その空間のドラマはあなたの目で、いや、全身の感覚でお確かめを。

所在地 中央区日本橋2-5-15　建設年 1994年
設計 安藤忠雄（安藤忠雄建築研究所）

特別公開
日時＝10月28日（土）・29日（日）
　　　両日とも10時～16時
定員＝なし

107 髙島屋東別館

大大阪時代のメインストリート、堺筋に残る最後の百貨店建築。その歴史的価値を保存したまま、2020年、史料館やサービスレジデンス（滞在型ホテル）、フードホール等のある複合施設にリノベーション。11連のアーチと、華やかなアールデコのデザインが圧巻。

所在地 浪速区日本橋3-5-25
建設年 1928～1940年　設計 鈴木禎次

ガイドツアー　　　　要申込
同建物の見所を普段立入れない個所を含めご紹介
日時＝10月28日（土）・29日（日）両日とも
　　　①11時～　②15時～（各70分）
定員＝各20名／案内人＝髙島屋史料館員

108 なんばパークス

商業施設の建設が、立体的な憩いの場づくりにつながることを証明した作品。建物の間のキャニオンストリートは渓谷のようにダイナミック。地上9階まで段状に続くパークスガーデンでは、多種多様な植物と触れ合える。

所在地 浪速区難波中2-10-70　建設年 2003年（1期）
／2007年（全館、2期）　設計 株式会社大林組（設計）、
THE JERDE PARTNERSHIP（デザイン協力）

パークスガーデンガイドツアー　　要申込
日時＝10月28日（土）14時～（60分）
定員＝10名／案内人＝ガーデナー（パークスガーデン専属ガーデナー）

109 株式会社モリサワ本社ビル

モリサワは大阪に本社を構える「文字」のトップメーカー。普段予約が必要なMORISAWA SQUAREでは、同社発明の写植機など企業の歴史と共に、文字に関する貴重なコレクションを展示。

所在地 浪速区敷津東2-6-25　建設年 2009年
設計 東畑設計事務所

休日特別開館
日時＝10月28日（土）・29日（日）
　　　両日とも13時～17時
定員＝なし

110 一心寺

1185年に創建された浄土宗の寺院は、ユニークなデザインの建築群で知られる。設計したのは前住職で建築家の高口恭行長老。伝統にとらわれない発想が、真に「開かれた寺」を体現して多くの人々に親しまれている。

所在地 天王寺区逢坂2-8-69ほか　建設年 1977年
設計 高口恭行

特別公開

存牟堂公開（存牟堂はイケフェス大阪開催日以外にも見学いただけます）

日時＝10月28日（土）・29日（日）
　　　両日とも9時～16時／定員＝なし

111 ギャラリー再会

国登録
有形文化財

繊細で可憐なデザインが、ヨーロッパの田舎町のような風情を醸し出す。店内では美しい曲線を描く階段が出迎える。以前は1階が若者、2階がカップル専用の喫茶スペースで、お見合いの席として利用されていたとも。

所在地 浪速区恵美須東1-4-16　建設年 1953年　設計 石井修

特別公開

日時＝10月28日（土）9時30分～15時
　　　10月29日（日）9時30分～11時30分
定員＝なし

112 通天閣

国登録有形文化財

銀色に輝く姿は、大阪の戦後の元気のシンボル。戦中に失われた「通天閣」を、地元商店街の人々などが出資して復活させた。初代のイメージから脱皮したいという地元の意向で、デザインは一変した。それがまた元気。

所在地 浪速区恵美須東1-18-6
建設年 1956年　設計 内藤多仲、竹中工務店

特別公開　要申込

弊社、会長によるスペシャルガイドツアーを行います。特別屋外展望台へご案内致します。

日時＝10月26日（木）18時～（60分）
定員＝10名／案内人＝代表取締役会長

113 ARCHITEKTON
-the villa tennouji-

天王寺の中心部にありながら、長屋なども多く残るエリアに佇む小さな多目的の一棟貸しvilla。ガルバリウム鋼板に包まれた内部には、アンモナイトのように渦巻くらせん階段が中心に配され、その遠心力で全体が統合されたかのような不思議な立体空間が、独特の体験を提供する。

所在地 西成区山王1-8-13　建設年 2020年
設計 SUGA ATELIER（スガショウタロウ）

ガイドツアー　要申込

日時＝10月28日（土）・29日（日）
　　　両日とも10時～17時
　　　（12時を除いて1時間おきに開始、各30分）
定員＝各12名／案内人＝スガショウタロウほか

114 西光寺

400年以上の歴史を持つ寺院が現代的に建て替えられた。打放コンクリートの奥に、市街地の賑わいの中でも厳かな空気が感じられるよう、本堂まで続く約35mの参道を設計。以前の梵鐘や木造装飾などが随所に再配置されている。

所在地 阿倍野区松崎町2-3-44　建設年 2015年
設計 コンパス建築工房（西濱浩次）

特別公開

日時＝10月28日（土）10時〜16時
定員＝なし

115 シェラトン都ホテル大阪

建築家・村野藤吾の遺作には、大規模な施設をつくる責任と人の心に響くデザインとが両立している。車寄せから1階ホールには村野らしい有機的な形や素材があらわれ、通り沿いに並ぶ円柱は地下駅の給排気塔となっている。

所在地 天王寺区上本町6-1-55　建設年 1985年
設計 村野藤吾

特別公開

日時＝10月28日（土）・29日（日）
　　　両日とも11時〜18時／定員＝なし

116 久金属工業株式会社

国登録有形文化財

大阪の近代化の歴史には工場建築も欠かせない。今も瓶のキャップや缶などを製造する、昭和戦前期の木造の工場群の佇まいは、まるで映画のセットのよう。戦前のプレス加工機などの工作機械が保存されている点も注目。

所在地 西成区北津守3-8-31　建設年 1934年

ガイドツアー　要申込

国登録文化財の建物群をご覧いただきます
日時＝10月28日（土）①11時〜 ②14時〜（各45分）
定員＝各15名
案内人＝久金属工業株式会社 社員

117 寺田町プレイス1

大阪市内の地元オーナーによる賃貸住宅プロジェクト。まちのコモンズ再生に向け、小さなコモンスペースが建物周囲に配置され、オーナーにより、定期的にマルシェを開催するなどの取組みも展開されている。

所在地 天王寺区寺田町2-3-9　建設年 2022年
設計 意匠：地域計画建築研究所（アルパック）、構造：アスコラル構造研究所、設備：chp設備事務所、照明：LEM空間工房、植栽：green team、サイン・プランター・可動ベンチ：sumikov、屋台：場とコトLAB、木材調達・コーディネート：田中製材所、南河内林業

⏺ Photo. 笹の倉舎 / 笹倉洋平

ガイドツアー　　　　　　　　　　　　　　当日先着

設計者が計画の経緯や工夫についてご説明します。

日時＝10月28日（土）①11時〜 ②13時〜 ③14時〜 ④15時〜 ⑤16時〜（各30分）
定員＝各10名／案内人＝地域計画建築研究所（プロジェクト全体調整、意匠設計担当）

118 源ヶ橋温泉浴場　　国登録有形文化財　

大阪には個性的な銭湯建築が多く建てられたが、源ヶ橋温泉は今なおその佇まいを残す貴重な存在。客を迎える1対の自由の女神と、両脇に設けられた丸窓のステンドグラスが印象的。銭湯としての営業を終え、今後の活用を模索中。

所在地 生野区林寺1-5-33　建設年 1937年　設計 不詳　

特別公開

日時＝10月29日（日）10時〜16時
定員＝なし

119 鯛よし百番　　国登録有形文化財　

大正・昭和初期に竣工した茶屋建築。ただし現在の内外装は戦後に大幅に改築されたもの。外観は江戸の遊廓風。1階は織豊期の書院風座敷や社寺建築を模した豪華な意匠、2階は東海道五十三次に由来する物語性のある諸室になっている。

所在地 西成区山王3-5-25　建設年 1918年

ガイドツアー　　　　　　　　　　　　　要申込

鯛よし百番の外観や館内の見どころを案内します。

日時＝10月29日（日）
　　　　①13時〜 ②15時〜（各60分）
定員＝各10名
案内人＝杉浦正彦（鯛よし百番 企画営業担当）

寄稿

髙口恭行長老と一心寺

文＝橋爪紳也（大阪公立大学研究推進機構特別教授）

1. 建築家・大学教授・住職

「生きた建築ミュージアム」の大阪セレクションに一心寺の諸堂を選定させていただいた。各建物は一心寺の髙口恭行長老の設計である。今回の選定にあたって、髙口長老と数年ぶりにお会いした。

　髙口師は、1940年6月13日神戸市の生まれ、ご尊父の仕事の関係で5歳まで上海で過ごされている。京都大学工学部建築学科を卒業ののち、京都大学助手を経て、奈良女子大学家政学部住居学科助教授、同学部教授として教鞭をとられた。この間、1970年大阪万博の会場設計に関与、また釜ヶ崎の路上の使われ方の調査などをもとに、日本的な「みちひろば空間」の概念を探究されてきた。

　大学で教育を行われるとともに、空襲で全焼した一心寺の復興を担うべく住職に就く。また1980年より造家建築研究所を主宰して建築家として活動、一心寺の諸堂のほか多くの宗教建築を手がけられた。

　代表作を列記すると、一心寺信徒会館日想殿（1977）、一心寺庫裏望無亭（1977）、山添村コミュニティ装置S1・Y1・Y2（1981）、枚方の町家 竹尾医院（1982）、一心寺単信庵（1984）、百万遍知恩寺宝物館（1987）、西山短期大学図書館（1988）、小栗栖西方寺（1990）、一心寺念佛堂（1993）、小松幼稚園講堂（1995）、一心寺仁王門（1997）、應典院（1997）、一心寺三千佛堂（2002）、一心寺シアター「倶楽」（2002）などがある。

　髙口師は、1992年に奈良女子大学を退職されるまで、建築家・大学教授・住職を兼ねて活躍された。また奈良市国際観光都市審議会委員、大阪市総合計画委員、近畿圏すばる計画委員会委員など多くの公職を歴任されている。常に大阪を拠点として活躍してきた建築家である。

2. 髙口長老と私

髙口長老とは、人生の節目ごとにご縁がある。私の師である上田篤先生が、かつて京都大学工学部建築学科の助手の頃、髙口師は学生であった。歳の離れた同門ということになろうか。その関係もあって、若い頃から研究会などでご挨拶する機会があった。いっぽうで私自身、墓地移転と霊園の計画に関する研究を深めた若い頃から、骨佛の信仰で知られる一心寺には何度も足を運

一心寺山門（1997年）

んでいたので、寺院そのものにも親しみがあった。

1990年代半ばの頃、私は下寺町にある浄土宗大蓮寺の秋田光彦師が應典院の再建を検討された際、新しい寺院のあり方を検討するうえでアドバイザーとしてお手伝いをした。檀家もいない「葬式をしない寺」であることを特徴に、寺院の原点である「学び」「癒し」「楽しみ」に関わるさまざまなイベントを展開する「開かれた寺院」を目指すこととした。

應典院の設計を、秋田師は髙口長老に依頼された。1997年にコンクリート打ちっぱなし、劇場仕様にもなる本堂ホールが竣工する。そのデザインは、斬新かつ荘厳であった。特に本堂に入る前の空間、ホールでいうホワイエの部分が印象的であった。ガラス張りで、隣接する大蓮寺の墓所を見晴らすことができる明るい空間に、髙口師の寺院建築への想いを強く感じたことを覚えている。

1999年に、私は京都精華大学から大阪市立大学の助教授に転じるべく、大阪に戻ってきた。この時期、一心寺境内の東に隣接する生花市場の跡地に設けられた「一心寺シアター」で芝居や演芸を何度も見ている。市場の建屋をそのまま残し、内部に300席の小劇場が設けられた劇場は、ほかにない空間であった。

その後、2000年4月末で一心寺シアターは休館

となり、跡地に「一心寺三千佛堂」および「一心寺シアター倶楽」が開業する。髙口長老は、寺院にはアミューズメント、カルチャー、コミュニティーなどの機能があり、宗教色を考えずに使って欲しいと話されたという。

2015年には、髙口長老と何度も意見交換させていただく機会があった。豊臣家が滅亡した「大坂の陣」から400年が経過したことを記念、私は大阪府・大阪市の特別顧問として記念事業である「大坂の陣400年天下一祭り」の実行委員長を担うことになった。いっぽう髙口師は「大坂の陣茶臼山史跡碑」を建立されるようと企画されていた。

一心寺のある茶臼山界隈は「冬の陣」では徳川家康の本陣を置き、続く「夏の陣」では真田幸村が布陣した。「天王寺口の合戦」として知られる激戦の地であり、幸村は近傍の安居神社付近で戦死している。境内は戦さで荒廃したが、その後、幕府の支援もあって再建を果たす。そこで髙口師は「大坂の陣四百年供養法会」を開催するとともに、「大坂の陣400年天下一祭」に参加していただき、関連事業である「大坂の陣フォーラムin一心寺」を「一心寺シアター倶楽」実施していただいた。また歴史を次世代に伝えるべく彫刻家藤本春紀氏のデザインになる石碑を寄進される際にも、お手伝い

一心寺三千佛堂（2002年）　外観

一心寺三千佛堂（2002年）　内観

させていただいたことも良い思い出である。

3. 開かれた寺院と日想観

一心寺は文治元年（1185）、四天王寺の別当であった慈円の要請によって、法然が結んだ草庵「荒陵の新別所」、のちの「源空庵」に由来する浄土宗の古刹である。

法然の庵は上町台地の西端、崖地にあって大阪湾を遥かに見晴らすことができた。後白河法皇が四天王寺参詣に併せて訪問した際には、法然とともに西に沈む太陽を見て、その丸い形を心に留め、極楽浄土を見る「日想観」の修行を行なったという。そのとき法皇は、「難波潟入りにし日もながむればよしあしともに南無阿弥陀仏」と詠われたという。

また一心寺は、時期を問わず無縁の仏を弔う「施餓鬼供養」を行うとともに、多くの人が寄せた分骨を粉砕のうえ鋳型で固めて阿弥陀如来とする骨仏で知られている。

髙口長老が設計した諸堂のなかで、初期の代表作が1977年に建てられた日想殿だろう。打ち放しの躯体のうえに、本瓦を載せる六角形の大屋根を鉄骨トラスで宙に持ち上げて、大空間を確保している。またトラスでガラス屋根を支える1997年竣工の仁王門もユニークである。2002年に完成した

一心寺シアター「倶楽」（2002年）

應典院（1997年）

三千佛堂は、寄進された金色の仏像群を道路に面した大きな開口から直接に拝むことができるように配慮されている。

各建物のデザインに通底している考え方は、都市の中にある寺の果たす役割として髙口師が主張してきた「開かれた寺」の建築的な実践である。門や集会場などいかなる施設であっても、地域の人々に開放すると同時に、地域の歴史を広く訴える場となるように設計がなされている。

特に私は、一心寺の伽藍のデザインにあって、開創にさかのぼる「日想観」の信仰を設計に取り入れている点に注目したい。一心寺は浄土宗の「法然上人二十五霊場」にあって「第七番　法然上人日想観の遺跡」とされ、古くから春秋の彼岸には日想殿で落陽に合わせて「引声念仏」の会が開催されたという。大屋根を載せる日想殿や、ガラス屋根から青銅製の仁王像に陽光が注ぐ山門など、いずれも夕陽の中に阿弥陀仏が感得される「日想観」を可視化することを意図した空間造形である。

髙口恭行（たかぐち・やすゆき）　1940年兵庫県生まれ。一心寺長老。京都大学工学部建築学科卒業後、西山夘三研究室、京都大学助手、奈良女子大学家政学部教授を経て、1980年造家建築研究所設立。1970年代より、長年にわたり建築家・大学教授・住職として活動し、浄土宗寺院一心寺の信徒会館、念仏堂、仁王門、三千佛堂など、一連の建物を設計する。2004年一心寺長老。2003年関西建築家大賞、2005年大阪市文化功労賞。

120 K2ビルディング

121 藤田美術館
太閤園淀川邸

JR大阪天満宮駅

JR大阪城北詰駅

123 光井純＆アソシエーツ建築設計事務所 関西オフィス

126 鶴身印刷所

125 クリスタルタワー

124 OMM [旧大阪マーチャンダイズ・マートビル]

122 ザ・ガーデンオリエンタル・大阪 [旧大阪市長公館]

京阪天満橋駅

讀賣テレビ放送株式会社 本社屋

ドーンセンター

天満橋駅

京橋口

青屋門

JO-TERRACE OSAKA

大阪城天守閣

128 大阪府庁本館

西の丸庭園

127 ミライザ大阪城

都住創内淡路町

80 山本能楽堂

129 大阪歴史博物館

多聞櫓
大手門

桜門

大阪府警本部

本町通

中央大通

130 大阪国際平和センター [ピースおおさか]

噴水広場

谷町四丁目駅

森ノ宮駅

中央線

JR森ノ宮駅

難波宮跡

131 もりのみやキューズモールBASE

谷町筋

上町筋

132 日ノ下商店ビル

長堀鶴見緑地線

133 大阪ガス実験集合住宅 NEXT21

長堀通

谷町六丁目駅

JR玉造駅

谷町線

134 上町荘
(design SU一級建築士事務所＋YAP一級建築士事務所)

← II 船場・中之島エリア P.29

120 K2ビルディング

設計したのは前衛的な住宅作品や言説で主に知られ、東京工業大学の教授を務めながら、建築界に多大な影響を与えてきた篠原一男。そんな大阪らしからぬ建築家が京橋のカオスを建築に変換、原理的で地域的なビルを生み出した。

所在地 都島区東野田町2-9-7　建設年 1990年
設計 篠原一男アトリエ

特別公開
K2ビルディング共用部解放
日時＝10月27日（金）10時〜14時
定員＝なし
開催場所＝1階オープンスペース

---

121 藤田美術館

実業家・藤田傳三郎と息子の平太郎、徳次郎によって築かれた日本有数の東洋古美術コレクションを公開する美術館。2022年4月にリニューアルオープンした建築が、歴史ある庭石や多宝塔のある庭と調和している。

所在地 都島区網島町10-32　建設年 2020年
設計 大成建設株式会社設計部

藤田美術館建物ツアー
日時＝10月28日（土）10時30分〜（30分）
定員＝なし／案内人＝藤田清（館長）

---

122 ザ・ガーデンオリエンタル・大阪
[旧大阪市長公館]

戦前の洋館のような気品と、戦後ビルのような誠実なつくりを兼ね備えた建築。正面は車寄せを中心に変化に富み、裏手のバルコニーは芝生の広がりに対応する。工業素材を巧みに用いた階段、庭の茶室など見どころ多数。

所在地 都島区網島町10-35　建設年 1959年
設計 竹腰健造

ガイドツアー 要申込
日時＝10月23日（月）15時〜（90分）
定員＝25名
案内人＝倉方俊輔（大阪公立大学教授）

---

123 光井純＆アソシエーツ 建築設計事務所 関西オフィス

代表取締役の光井純が、師であるシーザー・ペリに出会ったのはイェール大学大学院時代。建築は優れた街並みの一部となり、街と共に成長するものだという思想を師から継承、発展させ、数々のビッグプロジェクトに結実。

所在地 北区天満2-1-29 オプテック・ダイエービル7F
創業年 1995年（本社）

特別公開
日時＝10月28日（土）・29日（日）
　　　　両日とも10時30分〜15時30分
定員＝なし

124 OMM
[旧大阪マーチャンダイズ・マートビル]

市内の問屋街を集積して立体的に積み上げたのが
OMMのコンセプト。開館当時は西日本で最も高いビル
として、22階の回転展望レストラン「ジャンボ」が人気を
博した。現在のガラスカーテンウォールは1989年の改修
によるもの。

所在地 中央区大手前1-7-31　建設年 1969年
設計 竹中工務店

バックヤードガイドツアー　要申込

日時＝10月28日（土）
　　　①10時〜 ②14時〜（各90分）
定員＝各20名／案内人＝OMMスタッフ

屋上スカイガーデン特別公開

日時＝10月28日（土）17時〜20時
定員＝なし

125 クリスタルタワー

大阪市内初の民間による大規模開発「大阪ビジネ
スパーク」のシンボルとして完成。ハーフミラーガラス
で全面が覆われ、中之島側から眺めた時に川が二
手に分かれる突端にあって、抽象彫刻のように眼差
しを捉えている。

所在地 中央区城見1-2-27　建設年 1990年　設計 竹中工務店

特別公開

日時＝10月28日（土）9時30分〜17時
定員＝なし

126 鶴身印刷所

戦前に小学校の講堂として建設されたとされる線路
沿いの細長い木造建築は、1946年に印刷工場とな
り、そして2018年、トラスの大きな屋根の下に多様な
人々が集う、新たなスペースへとリノベーションされた。

所在地 城東区新喜多1-4-18
建設年 1939年／2018年（リノベーション）
設計 不詳／株式会社アートアンドクラフト（リノベーション）

展示「石版と人との あわい にあるもの」

日時＝10月28日（土）・29日（日）
　　　両日とも12時〜17時
定員＝なし

ガイドツアー　当日先着

印刷所へようこそ！

日時＝10月28日（土）・29日（日）
　　　両日とも17時〜18時
定員＝各10名

127 ミライザ大阪城

ヨーロッパの城郭を思わせる旧陸軍の庁舎は、城内の軍施設を整理し公園として開放するために、復興天守閣と同年に建てられた。戦後の警察施設、大阪市立博物館を経て、2017年に複合施設として再生。

所在地 中央区大阪城1-1 建設年 1931年
設計 第四師団経理部

日時＝10月29日（日）
　　　①11時〜　②13時〜（各30分）
定員＝各20名／案内人＝岩上嘉樹（大和ハウス工業株式会社 本店建築事業部設計部／一級建築士）

128 大阪府庁 本館　　国登録有形文化財

竣工後97年を迎える現役最古の都道府県本庁舎。2016年に免震工事完了しており、中央吹抜・大階段など見どころが多い。

所在地 中央区大手前2 建設年 1926年／2016年（東館 耐震改修）／2018年（西館 撤去） 設計 平林金吾・岡本馨

ガイドツアー　　　　　　　　　　　　当日先着
日時＝10月28日（土）①10時〜 ②12時〜
　　　③14時〜 ④16時〜（各40分）
定員＝各30名（整理券配布）
案内人＝庁舎整備課職員

129 大阪歴史博物館

大阪歴史博物館とNHK大阪放送会館の2棟の高層建築を、半球状のガラスドームに覆われたアトリウムで繋いだ複合建築。紡錘形をした歴史博物館の角度を振った配置が、大阪のアイデンティティである難波宮跡と大阪城の直交軸が交わる交点に建てられた、この施設の役割を雄弁に表している。

所在地 大阪市中央区大手前4-1-32 建設年 2001年
設計 日本設計、NTTファシリティーズ、シーザー・ペリ＆アソシエイツジャパン

ガイドツアー　　　　　　　　　　　　要申込
大阪歴史博物館バックヤードツアー＋常設展示観覧
日時＝10月28日（土）14時〜（各30分）
定員＝15名
●常設展への入館料（600円）が必要です。

130 大阪国際平和センター
[ピースおおさか]

「大阪空襲を語り継ぐ平和ミュージアム」でデザインされているのは、変化に富んだ空間。展示の合間にふと外にあるビ

ルや公園の緑が見えた時、そんなありふれた楽しみも「平和」に支えられていることに気づかされる。

所在地 中央区大阪城2-1 建設年 1991年
設計 株式会社シーラカンス、大阪市都市整備局営繕部

ガイドツアー　　　　　　　　　　　　当日先着
館内展示の解説とともに、幾何学的で複雑な形の屋根を間近に楽しめる屋上も特別に公開します！
日時＝10月28日（土）・29日（日）両日とも
　　　①10時〜 ②14時〜（各60分）
定員＝各20名
案内人＝大阪国際平和センター館長

131 もりのみやキューズモール BASE

屋上にランニングトラックがある日本初の商業施設。1周約300mのトラックが複数の建物の屋上をつなぎ、一体感を醸し出している（特許取得）。施設コンセプトは「豊かに生きる、ココロ・カラダ特区」。日本生命球場跡地に建てられたことから、1F BASEパーク内への野球のベースが設置されており、多くのスポーツ関連施設が揃う。

所在地 中央区森ノ宮中央2-1-70　建設年 2015年
設計 竹中工務店

自由見学

複数の建物の屋上を構造体でつなぐランニングトラック（特許取得）自由見学

日時＝10月28日（土）9時〜23時30分
　　　10月29日（日）9時〜20時
定員＝なし

132 日ノ下商店ビル

大阪セレクション

外観を特徴づけているステンレス製の回転扉を開くことで3〜5階の住居空間が外につながる。設計者である竹原義二主宰の無有建築工房も2階に入居。素材を生かし、心地よい空間の関係性を生み出す設計力が発揮されている。

所在地 中央区 玉造2-2-1　建設年 1999年
設計 竹原義二／無有建築工房

無有建築工房 事務所見学会　要申込

日時＝10月28日（土）11時〜（60分）
定員＝10名

133 大阪ガス実験集合住宅 NEXT21

大阪セレクション

スケルトン・インフィル方式を採用し、更新し続けている実験住宅。柱や梁などの建物を支える骨組みと、その中に入る内装や設備類を分けてつくることで、時代に応じた性能の向上や新しい暮らしの実践が行われている。

所在地 天王寺区清水谷町6-16　建設年 1993年
設計 大阪ガスNEXT21建設委員会

ガイドツアー　要申込

未来を試せる実験集合住宅のご案内

日時＝10月28日（土）①10時〜 ②15時30分〜
　　　10月29日（日）①10時〜 ②13時30分〜
　　　③15時30分〜（各90分）
定員＝各15名／案内人＝NEXT21スタッフ

134 上町荘［design SU 一級建築士事務所 ＋YAP一級建築士事務所］

建築やウェブなど、多彩なクリエイターのシェアオフィス。もともと交差点に建つ低いビルであるため、隅切りの割合が大きく、広いガラス窓が街に開けている。建物の特性を読み取った活用で、さまざまな仕事と実験の交差点を実現。

所在地 中央区上本町西4-1-68
建設年 2014年（リノベーション）　設計 白須寛規＋山口陽登

特別公開

日時＝10月28日（土）・29日（日）
　　　両日とも10時〜17時
定員＝なし

135 旧河崎經吉邸

大阪を拠点に愛媛県庁など多くの公共建築を手がけた木子七郎設計の邸宅。この作品の存在は、これまでほとんど知られてこなかった。家具や照明器具をはじめ、内装もほぼオリジナルの状態で残る貴重な存在。現在新たな活用を検討中。

所在地 都島区　建設年 1937年　設計 木子七郎

特別公開　　　　　　　　　　　　　要申込

住宅として使われた状態としては、今回が最初で最後の公開となります。

日時＝10月28日（土）・29日（日）両日とも
　　　　①10時～　②11時30分～
　　　　③13時30分～　④15時～（各60分）
定員＝各20名

「大阪セレクション」第2期選定記念企画
日ノ下商店ビル

対談02

竹原義二 ｜ 建築家／無有建築工房
倉方俊輔 ｜ 大阪公立大学大学院教授

撮影：佐伯慎亮

学生時代の中之島の保存運動

倉方　大阪セレクション第2期として、「日ノ下商店ビル」が加わりました。イケフェス大阪では、戦後のモダニズム建築や戦前の建物が注目されていますが、現在ご活躍の建築家の作品、現代建築も積極的にラインナップに入れたいと考えています。今日は、大阪の建築家である竹原先生の大阪の街や建築への想いを伺うことで、先生のなかの大阪らしさを理解していきたいと思います。

竹原　まずは、中之島の話からしましょう。「中之島まつり」というイベントをご存知だと思います。中之島まつりは、今年2023年で50回目。中之島の景観保存運動としてはじまりました。

倉方　大阪市が発表した「中之島東部地区再開発構想」を受けて発足した運動ですね。

竹原　そうです。僕は大学生のときにその保存運動に参加していたんですよ。1971年に中之島の日本銀行や大阪市庁舎、中央公会堂、中之島図書館さらに裁判所を壊してあのあたり一帯に高層ビルを建てる、という構想が出たんです。それはちょっとまずいよね、ということで大阪市立大学の先生方が多く関わっていらした「新建築家技術者集団」が反対をはじめて、もちろんそこに住む人たちにも関わってもらわないといけないので、市民の人たちも交えて保存運動をしました。それが「中之島をまもる会」です。僕は、大阪市立大学の富樫研究室にいて運動に参加して、1973年に第1回中之島まつりが開催されました。中之島の景観をただ単に残すというだけではなく活用していこう、みんなで考えよう、と手づくりがうみだすおもしろい企画をたくさんつくりました。

倉方　1970年前後という時代は、三菱一号館や帝国ホテルの取り壊しをきっかけに、保存運動も行

われていましたが、その後につながるものは多くなかった。そんななかで、大阪中之島での保存運動は成功した。保存するだけではなく、活用していく。中之島をもっと知らしめていこうという活動をお祭りの形で行ったことは、イケフェス大阪につながる精神ではないでしょうか。活動自体は大真面目ですが、同時に、まず市民に知ってもらおう、みんなで楽しんでいこう、と。反対するだけではなく、自分たちの街を知り、参加する機会にするということ。それは大阪らしく、いまなお新しいです。

とことん見ること、調査すること

竹原 あのころ、時代は大きく動いていました。1964年に東京オリンピックが行われて、大阪では千里ニュータウンができて、1970年に万博が開催された。古い建物はいらない、新しい建築をつくろう、という時代でした。僕は、古いものと新しいものとの、接点みたいなものがもっと生まれてきたら、あるいは街並みは変わるんじゃないかなという気は当時からしていました。

倉方 当時、建築を学んでいた竹原先生やその周辺の学生にとって、中之島のような存在を大切に思う意識は一般的だったのでしょうか。若いうちというのは特に、未来のものを革新的につくる方向に目が向くことが多いのではないかと思うのですが。

『雨天決行 まつりへのドラマ』（中之島まつり協会編　いんてる社、1983年）
1971年6月、大阪市が発表した「中之島東部地区再開発構想」を受けて若手の建築家や技術者の集団「新建築家技術者集団」が反対運動を開始。1972年10月「中之島をまもる会」設立、1973年5月5日第1回「中之島まつり」開催。

『中之島 よみがえれ わが都市』（中之島をまもる会編　ナンバー出版、1974年）　産経新聞 1973年4月8日
同年5月5日に開催の第1回「中之島まつり」のPRのためメンバーがパレードを行った。中央に竹原義二（25歳）

竹原 自分にとっての変革は、カメラマンの二川幸夫さんと伊藤ていじさんが1950年代に出版された『日本の民家』というシリーズです。あれを見たときの衝撃がすごかった。こんな建築が日本中にある、ということに本当に驚いたんですよ。でもそれらはその時代でもどんどんなくなりつつあるものでした。そこで、学生のときにそれを見に行く旅を計画しました。本に写っているものを実際に見たときに、自分はなにも知らない、と思いました。建築を知らないという以前に、住まいというものがどのように変遷してきているかということをぜんぜん気にもせず、なんとなく建築家になりたい、と思っていた。そういうことに気づかされました。もうひとつは、デザインサーベイです。『日本の民家』の導入にも出てきますが、街並みや歴史をとことん見ること、調査すること、それが設計の基本だと感じたのです。あの時代のそういう流れは、僕にとってはとても大きなものでした。

倉方 それは興味深いです。竹原先生にとって、住まいというのは半世紀にわたる活動の大きな主軸にもなっているかと思いますが、いまおっしゃった住宅に関する関心というのは、大学生のころからあったのですね。

竹原 住まいが建築の一番の原点になると思った

ので、住宅の設計をしたいなという思いはずっとあり
ました。当時の大阪は、御堂筋には高島屋と村野
藤吾さんの大阪歌舞伎座があって、プランタンとい
うお店もあって、もちろん中之島があって、丹下健
三さんの電通も吉田五十八さんのリーガロイヤルホ
テルもあった。お金がなくても見にいける場所がたく
さんありました。

倉方　さまざまな時代の建築が街に存在している
と、そうした時間が過ごせるというよさがありますね。
そして、先ほどのデザインサーベイの話は、最近出
版された『日本建築に学ぶ設計手法』(2023年 学
芸出版社)に通じます。そこにある現物に触れて、そ
こから自分なりになにかを学ぶという姿勢が一貫さ
れています。

100年もたせる住まいをつくる

倉方　石井修さんの事務所のあとは独立されて、
いろいろな設計をされています。大阪市立大学で
は、長屋を新しい視点で改修されている。そういっ
たお仕事もされながら、1999年に日ノ下商店ビルを
設計されました。

竹原　長屋の改修というのは、元をどう活かして、
時間をどれだけ持続できるかということを考えます。
一番難しいのは、どこまで解体するかということ。や
りすぎると建物自体がだめになってしまうのでその
手加減がなかなか難しいです。『日本建築に学ぶ
設計手法』には、学生との調査の記録とそこでの
学びをどう活かすかということをまとめました。日ノ下
商店ビルは、新しく建てたものですが、この場所に
ずっと住んでいたオーナーが住み続けるための建物
です。ここには工場が建っていて、上の2階、3階
に住んでおられた。周辺が住宅地に変わっていく
場所なので工場を移転して住宅にしませんか、と提
案したら、2世代でつくろうと言われて、僕は、じゃあ
100年もたせなあかんよね、と答えました。100年
もつというのは、次の次の世代まで暮らせるというこ
とです。ここにあった工場は、ステンレスのロールを
切断したりする加工場でした。ステンレスを使えば、
ノーメンテナンスでいけるんじゃないか、と。できて
20数年ですが、たぶんこのまま100年はいけると
思います。最近、次の世代が引っ越してきました。
建築はそうやって代々住んでいくものだから、100
年もつものをつくれば必ずこどもが帰ってきて住み
ますよ、と言ったことが実現しています。

豊崎プラザ(2007〜2010年改修)　撮影：絹巻豊
大正中期から末期にかけて建設された大阪の原風景を残す長屋のデザインを見直し、住む場
所として改修・再生をおこなった、大阪市立大学生活科学部でのプロジェクト。2010年日本
建築学会教育賞、2011グッドデザイン・サステナブルデザイン賞など

西津湊ふるかわ(2023年改修)内観
撮影：絹巻豊
福井県小浜市の重要伝統的建造物群保存
地区、国の登録有形文化財でもある

日ノ下商店ビル（1999年）　撮影：絹巻豊（内観）　無有建築工房がある2階フロアには、石彫家 和泉正敏氏による石畳が敷かれている

　僕が事務所を構えているこのフロアは、自分たちの住まいとしては1層分は余分だけれど、建物のボリュームは確保したい。そこによその人が入るのは嫌だけれど、竹原さんには貸してあげるから、好きにしていいから、と言われて借りました。内部は石と木としっくいと鉄で仕上がっています。建築をつくったら、必要に応じてメンテナンスはするけれども、骨格は残せるようにしておかないといけない。この建築も鉄筋コンクリートラーメン構造で柱と壁が独立しているから、中身は後からいくらでも直せる。周りの景観に対して、ひとつ骨格になるものができていれば、ほかの建築もよくなるだろうという思いがあります。そこを毎日通る人の印象に残るような、骨格をもった建築をつくりたいですね。そういうのが建築のもっている力なのかな、と思いますね。

倉方　イケフェス大阪も、有名建築だから、古いからと選定しているわけではなくて、ある種の唯一性があるという基準をもっています。生業があること、そこに住んでいるということが、生きてるということで、都市もそうした集積からできています。竹原先生は、それがなぜ残されるべきものなのかを、自分の目で見たり、身体で味わったり、言葉にしたり、図面を描いたりすることを通じて考えて実行されています。

竹原　好きな場所がなくなる。それはどういうことか。時代が動いていて、大切ななにかが潰されかねないとき、美しい建築がなくなるというのはどういうことなのかを考える。ただ古いものをよしとするのではなくて、どうしてこれが残されていくのかということを考える。イケフェス大阪では、毎年扉が開いて建物のなかに入ることができる。実際に見て、その価値を見出せるということはすごく重要なことだと思います。

竹原義二（たけはら・よしじ）　1948年徳島県生まれ。建築家。大阪市立大学富樫研究室を経て、石井修／美建・設計事務所勤務。1978年無有建築工房設立。大阪市立大学大学院生活科学研究科教授、摂南大学理工学部教授を経て、現在、神戸芸術工科大学客員教授。村野藤吾賞、日本建築学会教育賞など。

VII | 湾岸エリア

↗ 大阪港エリア

コスモスクエアエリア

中央線
大阪港咲洲トンネル
コスモスクエア駅
大阪港国際フェリーターミナル

136 森ノ宮医療大学 南棟

137 西尾レントオール
R&D国際交流センター

森ノ宮医療大学 桜棟
ニュートラム〔森ノ宮医療大学さくらポート〕

138 西尾レントオール
咲洲モリーナ

139 ミズノイノベーションセンター
[MIZUNO ENGINE]

トレードセンター前駅
大阪府咲洲庁舎

インテックス大阪

140 アジア太平洋トレードセンター
[ATC]

141 グランドプリンスホテル大阪ベイ
（エタニティ・凛-rin-）

中ふ頭駅

大阪港エリア

安治川
天保山公園
大阪市
水上消防署
天保山観覧車

海遊館

大阪港駅

大阪文化館

142 天満屋ビル

KLASI COLLEGE

中央線

ジーライオンミュージアム

143 中谷運輸築港ビル
[旧商船三井築港ビル]

コスモスクエアエリア ↙

136 森ノ宮医療大学 南棟
[キャナルポート]

明快な凹凸の白い幾何学形は、太陽の光を受けて陰影を増し、ところどころに施された鮮やかな色彩が目を引く。緑やオレンジ色は建物の内側でいっそう大きな面を占めて、学び舎に清潔感と楽しさをもたらしている。

所在地 住之江区南港北1-26-16　建設年 2016年
設計 株式会社 永田建築研究所（永田祐三）

特別公開

日時＝10月29日（日）10時〜16時
定員＝なし

138 西尾レントオール咲洲モリーナ

木造で素早く大規模な建物をつくる「木造モジュール」の技術によって実現したもの。規格化された部材で国産木材を活用し、繰り返し転用が可能。木の風合いを生かした空間となり、断熱性や遮音性にも優れている。

所在地 住之江区南港北 1-12-10　建設年 2022年
設計 株式会社コア、株式会社ATA

休日特別開館

28日は咲洲こどもEXPOの会場として親子で楽しめるコンテンツをご用意してお待ちしております。

日時＝10月28日（土）・29日（日）
　　　両日とも10時〜17時
定員＝なし

137 西尾レントオール R&D 国際交流センター

2025年開催の大阪・関西万博に向け、シェアリング・ソリューションを進化させる技術開発や実証実験を行う研究開発施設。産官学民、スタートアップと連携し、オープンイノベーションを促進する拠点としても利用されている。

所在地 A棟：住之江区南港北 1-12-75／
　　　 B棟：住之江区南港北 1-11-55
建設年 2023年
設計 　株式会社IAOプランニング＆デザイン

休日特別開館

普段どなたでもご利用いただけるペデストリアンデッキやポケットパークに加え、本施設の玄関となるロビーや平日のみご利用いただける「Nラウンジ」を開放します。

日時＝10月28日（土）・29日（日）
　　　両日とも10時〜17時
定員＝なし

ガイドツアー　要申込

総敷地面積3万㎡を超える広大な研究開発施設は様々な機能を備えています。普段は開放していないA棟・B棟・咲洲モリーナを一緒に歩いてご説明いたします。

日時＝10月29日（日）11時〜（60分）
定員＝100名

立命館大学生によるプレゼンテーション「EDGE+Rプログラム」

当社が協力するイノベーション・アーキテクト養成プログラムにおいて、咲洲モリーナをステージに「2050年のカーボンニュートラル実現に向け、日本の林業をデザインする」というテーマで大学生が思考・議論したことをプレゼンテーションいたします。

日時＝10月29日（日）13時〜（120分）／定員＝なし

139 ミズノイノベーションセンター
[MIZUNO ENGINE]

1906年に大阪で創業した世界的な総合スポーツ用品メーカー。特に野球が国民スポーツになるのに果たした役割は絶大だ。1992年竣工の南港エリア最初の超高層ビル、大阪本社の隣に建つ2022年竣工の研究開発拠点。

所在地 住之江区南港北1-12-35　建設年 2022年
設計 日建設計

特別公開　　当日先着

日経ニューオフィス賞クリエイティブ・オフィス賞受賞記念公開

日時＝10月28日（土）・29日（日）
　　　両日とも11時〜15時
定員＝各20名

140 アジア太平洋トレードセンター
[ATC]

南港エリア開発の目玉の一つとして建設された。遊戯的な機械のような色彩豊かなデザインは、ウォーターフロント開発がブームだった当時の世界水準。親水空間にも力が注がれており、海側から見る全貌は圧巻だ。

所在地 住之江区南港北2-1-10　建設年 1994年
設計 株式会社日建設計

特別公開

普段は入居者のみに開放しているオフィスラウンジ「PORT」を一般公開します。

日時＝10月28日（土）・29日（日）
　　　両日とも10時〜17時
定員＝なし

141 グランドプリンスホテル大阪ベイ（エタニティ・凛-rin-）

国際展示場の開場に併せて、当時はまだ珍しかった国際ブランドのホテルが上陸。2006年に新設されたチャペルは建築家・青木淳氏の設計で、リングを立体的に組んだ構造体が、幻想的な内部空間をつくり出している。

所在地 住之江区南港北1-13-11
建設年 2006年（エタニティ）／2012年（凛-rin-）
設計 青木淳（エタニティ）／野井成正（凛-rin-）

ガイドツアー　　要申込

国際展示場の開場に併せて、当時はまだ珍しかった国際ブランドのホテルが上陸。2006年に新設されたチャペルは建築家・青木淳氏の設計で、リングを立体的に組んだ構造体が、幻想的な内部空間をつくり出している。

日時＝10月28日（土）・29日（日）両日とも14時〜（30分）
定員＝各20名

142 天満屋ビル

天満屋ビルは港運回漕業を営んでいた清水潤が建てた近代建築。外観のデザインは当時流行したスクラッチタイルの外壁に、水平と垂直を強調した構成がモダンな印象。2020年、設計者の村上徹一の息子である建築士の村上晃一さんが、外観の修景工事を設計するというドラマが生まれた。

所在地 港区海岸通1-5-8　建設年 1935年
設計 村上徹一

特別公開（1F店舗）

日時＝10月30日（日）11時〜15時
定員＝なし

●通常の営業状態です。見学のみを目的とした入店はできません。

143 中谷運輸築港ビル
[旧商船三井築港ビル]

1903（明治36）年に整備された築港大桟橋（現・中央突堤）のたもとに、天満屋ビルと肩を並べて建つ中谷運輸築港ビルは、1933（昭和8）年に大阪商船（現・商船三井）が建てた近代建築。解体の危機をくぐり抜け、現在も活用されている。

所在地 港区海岸通1-5-25　建設年 1933年

特別公開（1F店舗）

日時＝10月30日（日）11時〜16時
定員＝なし

●通常の営業状態です。見学のみを目的とした入店はできません。

501 アートのまち北加賀屋スペシャルツアー

工場跡を改装したシェアスタジオSSK、複合アート施設・千鳥文化などアートのまち北加賀屋を巡るツアーです。今年の目玉は文化住宅をリノベーションした店舗・住居複合施設「NAGAYArt」。新しい壁画もご覧下さい。

Photo. Yoshiro Masuda

日時＝10月27日（金）
　　　①13時〜 ②15時〜（各60分）
定員＝各10名

要申込

VIII その他エリア

文の里・天下茶屋エリア

144 日本基督教団 南大阪教会

145 寺西家 阿倍野長屋

146 悦家

加島エリア

147 日本圧着端子製造株式会社 大阪技術センター別館 -Kahdeksankulmio-

此花エリア

149 大阪市下水道科学館

150 鴻池組旧本店 洋館・和館

服部緑地エリア

154 日本民家集落博物館

155 中央工学校OSAKA 一号館

153 大阪府服部緑地 都市緑化植物園 花と緑の相談所

〈その他〉

148 グランドサロン十三	151 水の館ホール・鶴見スポーツセンター	152 大阪公立大学 杉本キャンパス	156 大阪大学 待兼山修学館
157 関西大学 千里山キャンパス	158 SAKAINOMA HOTEL 濱 [旧福井邸]	159 浜寺公園駅駅舎	160 近畿大学 アカデミックシアター
161 大阪府立 狭山池博物館	162 ガラスブロックの家	163 池辺陽 立体最小限住宅 No.32	

144 日本基督教団 南大阪教会

大阪を代表する建築家、村野藤吾が設計した教会建築。この建築が特にユニークなのは、村野の実質的なデビュー作であると同時に、最晩年、亡くなる3年前に改めて改築を設計した作品でもあるというエピソード。

所在地 阿倍野区阪南町1-30-5
建設年 1926年／1950年第二期建築（会堂増築・牧師館）／
　　　　1981年新会堂建築
設計 村野藤吾

特別公開

日時＝10月28日（土）9時〜16時30分
　　　10月29日（日）13時〜16時30分
定員＝なし

145 寺西家 阿倍野長屋

国登録 有形文化財

2003年、近代長屋として全国で初めて登録有形文化財になった寺西家阿倍野長屋は、大阪における長屋再生のお手本のような存在。見事に修復された長屋には飲食店が入居し、戦前期大阪の長屋の豊かさを今に伝える。

所在地 阿倍野区阪南町1-50-25　建設年 1932年　設計 朝永國次郎

特別公開

日時＝10月28日（土）・29日（日）
　　　両日とも15時〜16時30分
定員＝なし

146 桃家

岸里玉出駅至近の住宅街にひっそりと佇む隠れ家的な宿泊施設は、1913年に建てられた規模の大きな町家建築。座敷などの造作はそのままに、屋根裏のようなつし2階は宿泊室へとうまく活用されている。

所在地 西成区玉出東1-5-17
建設年 1913年／2018年（リノベーション）
設計 不明

特別公開

日時＝未定／定員＝なし

147 日本圧着端子製造株式会社 大阪技術センター別館 -Kahdeksankulmio-

木製ルーバーが特徴的な大阪本社ビルを手がけた建築家による、同社の研究試験施設の建て替え。一辺2mの木造の八角形で全体を構成し、現場の施工性と将来の拡張性を確保している。試験所とは思えない木で覆われたインテリアが魅力的。

所在地 西淀川区竹島3-9-22　建設年 2017年（建物竣工）／
2020年（外構竣工）　設計 Atelier KISHISHITA

特別公開

エントランスホールのみの公開ですが、普段は入ることのできない八角形の空間を体感できる貴重な機会です。
日時＝10月29日（日）9時〜16時／定員＝なし

148 グランドサロン十三

昭和の煌びやかさを今に伝える、ステージを備えた170名収容のグランドキャバレー。失われつつあるその魅力を守り続け、近年はキャバレー営業だけでなく、イベント会場や撮影ロケ地としても人気を博している。

所在地 淀川区十三本町1-16-20　建設年 1969年
設計 Takagi Kenchiku Design Studio

特別公開
日時＝10月28日（土）・29日（日）
　　　両日とも10時〜16時
定員＝なし

---

150 鴻池組旧本店 洋館・和館　国登録有形文化財

大阪の建設会社の旧本店。廻船業を営んだ鴻池家は、海運の拠点だった伝法に、居宅である重厚な町家と、モダンな洋館の事務所からなる和洋併設の建築を構えた。特に洋館の内部は、日本では実例の乏しいアール・ヌーヴォーのデザインが圧巻。

所在地 此花区伝法4-3-55　建設年 1910年　設計 久保田小三郎

ガイドツアー　要申込
日時＝10月27日（金）・30日（月）13時30分〜
　　　10月28日（土）・29日（日）①9時30分〜
　　　②11時〜　③13時30分〜（各60分）
定員＝各10名／案内人＝鴻池組社員

---

149 大阪市下水道科学館

下水道の大切さやはたらきを見て、触れて、体験して、実感することができる展示が満載。特別なマンホールふたや、みんなの想いが集まった「ことばの泉」に出会ったり。6階のサンルームから、淀川の景色も眺められる。

「大阪市下水道科学館の建築」展
日時＝10月28日（土）・29日（日）
　　　両日とも9時30分〜17時
　　　（最終入館16時30分）
定員＝なし　●11月26日（日）まで

「大阪市下水道科学館の建築」展 ギャラリートーク
日時＝10月28日（土）・29日（日）
　　　両日とも16時〜（各30分）
定員＝なし

所在地 此花区高見1-2-53
建設年 1995年

Photo. 松村芳治 ➡

「再生について考える」トーク&映画上映　要申込
『いきつづける万国博2018年 太陽の塔内部公開』（24分）
日時＝11月11日（土）14時〜（150分）／定員＝30名

151 水の館ホール・鶴見スポーツセンター

著名な建築家・磯崎新の設計で、1990年開催の「国際花と緑の博覧会」のパビリオンとして建てられた。4つの円が連なった大空間を技術の力で実現。実験的な構想力の演出が、磯崎らしい見どころ。

所在地 鶴見区緑地公園2-163　建設年 1990年　設計 磯崎新

特別公開

水に浮かぶ大輪の花をイメージした屋根が特徴的な建築を特別公開します

日時＝10月28日（土）
　　　①10時〜11時 ②13時〜14時
定員＝なし

152 大阪公立大学杉本キャンパス

国登録 有形文化財　

登録有形文化財となっている1号館をはじめ、旧図書館、2号館、体育館など、先進的なモダニズムの影響を受けた戦前期の学舎が今も現役。御堂筋の拡幅、御堂筋線の開通と並び、大大阪時代の構想力の大きさが分かる。

所在地 住吉区杉本3-3-138　建設年 1933〜1935年
設計 大阪市土木部建設課（伊藤正文）　

ガイドツアー　要申込

公大生と行く、杉本キャンパスガイドツアー

日時＝10月28日（土）10時〜（120分）
定員＝25名／案内人＝大阪公立大学 修士学生

154 日本民家集落博物館

国指定重要文化財　国登録有形文化財　府・市指定文化財

日本各地の代表的な民家を移築復原し、関連民具とあわせて展示する日本初の野外博物館。飛騨白川の合掌造り、日向椎葉の民家（旧椎葉家住宅）、摂津能勢の民家（旧泉家住宅）、信濃秋山の民家（旧山田家住宅）などを含む12棟の国指定重要文化財の民家を公開。

所在地 豊中市服部緑地1-2　建設年 江戸時代（一部明治時代）

ワークショップ「北河内の茶室de茶会」　当日先着

大塩平八郎ゆかりの茶室での茶会体験。
参加者は茶室の内部が見学できます。

日時＝10月28日（土）・29日（日）
　　　両日とも13時〜15時（随時受付）
定員＝各20名／参加費＝500円（お菓子代として）

ガイドツアー　当日先着

日時＝10月28日（土）14時〜（60分）
定員＝20名／場所＝事務所前広場
講師＝山城 統（大阪府文化財センター主査（元日本民家集落博物館学芸企画課長／学芸員））

飛騨白川の合掌造り2階特別公開

合掌屋根の屋根裏にあたる養蚕に使われた空間を御覧ください。

日時＝10月29日（日）
　　　13時30分〜15時30分
定員＝なし

● 入館料（通常大人500円、高校生300円、小中学生200円）が必要です。ガイドブック提示により団体割引料金（通常料金から100円引き）を適用。なお、ガイドブック持参の同行者1名に限り、無持参者も割引料金適用。● ガイドブック提示の入館者に、オリジナルポストカード1枚をプレゼント。

153 大阪府服部緑地都市緑化植物園 花と緑の相談所

植物園内の一角に建つ鑑賞用温室を持つ緑化相談所施設。建物は5m近い段差にまたがるように建ち、そこに温室を収める。地形や植物、水、公園の景観など自然との共存が、モダンなデザインで巧みに演出されている。

所在地 豊中市寺内1-13　建設年 1983年　設計 瀧 光夫

> **植物園の花と緑のガイドツアー**
> 日時＝10月28日（土）・29日（日）両日とも
> 　①10時30分〜 ②13時30分〜
> 　（各60分）
> 定員＝なし／案内人＝ボランティア団体（当植物園内の周遊ガイド活動を行っています。）

● 見学にあたっては、入園料（通常：高校生以上220円）が必要です。
● ただし、ガイドブック持参により、150円／人で入園いただけます。

155 中央工学校OSAKA 一号館

数少ない大阪の丹下健三設計の校舎は、巨匠75歳頃の作品。千里丘陵の豊かな緑を背景に、連続するヴォール

ト屋根が映える。狭い敷地の校舎にたくみに吹抜空間を挿入することで、学びの場としての一体感が生まれている。

所在地 豊中市寺内1-1-43　建設年 1988年　設計 丹下健三

> **特別公開**
> 日時＝10月28日（土）・29日（日）
> 　両日とも10時〜16時／定員＝なし

> ［大阪府服部緑地都市緑化植物園　　　当日先着
> 花と緑の相談所コラボ企画］ワークショップ
> 植物園で発生した剪定枝を再利用したワークショップ
> 日時＝10月28日（土）・29日（日）
> 　両日とも11時〜16時／定員＝なし
> ● 材料がなくなり次第、終了

156 大阪大学 待兼山修学館　　国登録有形文化財

大阪帝国大学医学部附属病院石橋分院本館として建てられ、活用された建築が、大阪大学総合学術博物館待兼山修学館として再生。南北に両翼を延ばした対称形の外観で、全体に庇をまわして水平線を強調したデザインとなっている。

所在地 豊中市待兼山町1-20　建設年 1931年／
2007年（改修）　設計 大阪府内務部営繕課

> **休日特別開館**
> 日時＝10月28日（土）10時30分〜17時
> 定員＝なし

157 関西大学 千里山キャンパス　　府・市指定文化財

巨匠・村野藤吾と関西大学との関係は深い。戦後間もない1949年から晩年の1980年にかけて、千里山キャンパスで約40

の建物を実現。その約半数が現存し、機能と立地を受け止めた多彩な表情を見せている。

所在地 吹田市山手町3-3-35　建設年 1953年
設計 村野藤吾 他

> **関西大学一高・一中ツアー**　　要申込
> 今回は、普段は入れない一高・一中エリアを中心としたツアーです。
> 日時＝10月19日（木）15時〜（120分）
> 定員＝30名

158 SAKAINOMA HOTEL 濱
[旧福井邸]

大大阪時代にリゾート地として開発された浜寺には、今も多くの歴史的建築物が残る。船場の鋳物商が建てたこの別邸もそのひとつ。2020年にリノベーションされて現在は宿泊施設として活用。堺市からイケフェス大阪初参加。

所在地 堺市西区浜寺元町6-874-15　建設年 1942年／2020年
設計（リノベーション設計協力）株式会社インフィクス／間宮吉彦

特別公開

公開中は経済産業大臣指定伝統的工芸品に指定された「大阪浪華錫器」の製品を展示

日時＝10月28日（土）・29日（日）
　　　両日とも13時〜18時／定員＝なし

159 浜寺公園駅駅舎　国登録有形文化財

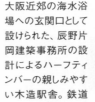

大阪近郊の海水浴場への玄関口として設けられた、辰野片岡建築事務所の設計によるハーフティンバーの親しみやすい木造駅舎。鉄道の立体交差事業のために曳家によって移設され、現在はギャラリーなどに活用されている。

所在地 堺市西区浜寺公園町2丁目232番地
建設年 1907年／2017年（曳家による移設）
設計　辰野片岡建築事務所

特別公開

駅舎内はカフェやギャラリーなどとして普段から公開されています

日時＝10月28日（土）・29日（日）
　　　両日とも10時〜16時／定員＝なし
● カフェ内見学の際は、飲食利用をお願いします。

160 近畿大学アカデミックシアター

従来の大学図書館の概念を大きく超えたビブリオシアターを中心に、最新の大学施設が集約された複合建築。「自然」「アーカイブ（図書）」「ふるまい（プロジェクト）」が不連続に連続する都市的デザイン。

所在地 東大阪市小若江3-4-1　建設年 2016年／2018年
設計 NTTファシリティーズ

ガイドツアー　要申込

「ビブリオシアター」とモノづくり施設「THE GARAGE」を中心に見学いただきます。

日時＝10月28日（土）
　　　①13時30分〜 ②16時〜（各90分）
定員＝各10名
案内人＝畠山文聡（NTTファシリティーズ）

161 大阪府立狭山池博物館

見たことのない光景を作り出す安藤忠雄の構想力の大きさがわかる一作。狭山池の風景の一部となった巨大な箱には、移築展示された幅約62mの堤が収まり、長大な水庭空間も圧巻。建物の内外に共通して、土木スケールの空間と時間が流れている。

所在地 大阪狭山市池尻中2丁目
建設年 1999年（建築物完成）／2001年（博物館開館）
設計　安藤忠雄建築研究所

ガイドツアー　要申込

日時＝10月28日（土）・29日（日）
　　　両日とも10時30分〜（各60分）
定員＝各10名

162 ガラスブロックの家

打放しコンクリートの壁が周囲に巡り、中庭に立って初めて三方にガラスブロックがある光景を目にできる。住宅らしからぬ大胆な構想と、暮らしのための入念な細部。若き日の安藤忠雄に出会える、良好に維持された住まいだ。

所在地 生野区　建設年 1978年　設計 安藤忠雄

特別公開

日時＝10月28日（土）①10時15分～
　　　　②11時45分～ ③14時15分～
　　　　④15時45分～（各45分）
定員＝各15名

163 池辺陽 立体最小限住宅No.32

建築家・池辺陽が戦後日本住宅問題への回答として示した「立体最小限住宅」が大阪に現存していた。延床41.9㎡。コルビュジェの影響も感じられ、親密さの中にも力強い空間性を合わせ持っている。

所在地 東住吉区　建設年 1955年／2017年（一部リフォーム）
設計 池辺陽（監理：西澤文隆）

ガイドツアー

簡単な案内＋見学＋随時質疑
日時＝11月4日（土）①10時～ ②11時～
　　　　③12時～（各30分）
定員＝各10名／案内人＝スガショウタロウ

大阪の都市施設

歴史都市の生き証人としての都市物語を楽しもう！

301 逢阪会所ポンプ施設

所在地 天王寺区　建設年 2017年

ガイドツアー

逢阪会所「地下50m 下水道設備の見学」
日時＝10月28日（土）10時～（60分）
定員＝10名
案内人＝施設の維持管理担当者

303 中之島橋梁群

国指定
重要文化財

所在地 北区・中央区・西区　建設年 1935年等

302 金蔵

国指定
重要文化財

所在地 中央区（大阪城公園内）
建設年 1751年

ガイドツアー　重要文化財「金蔵」の公開と案内。

日時＝10月29日（日）①11時45分～ ②13時45分～
　　　　③14時30分～（各30分）
定員＝各20名／案内人＝大阪市学芸員

ガイドツアー

中之島橋梁群・中之島の橋を巡る！案内ツアー。
日時＝10月25日 ①10時～
　　　　②14時～（各120分）
定員＝各20名／案内人＝大阪市建設局道路河川部橋梁課職員

304 寝屋川北部地下河川 守口立坑

所在地 守口市南寺東通4-27-8
建設年 2013年(着工)／
　　　 2017年(竣工)

ガイドツアー 　　　要申込

日時＝10月28日(土)
　　　①10時〜 ②11時〜(各40分)
定員＝各30名
案内人＝寝屋川水系改修工営所職員

306 平野下水処理場

所在地 平野区
建設年 1972年(地下配管廊)／
　　　 2014年(炭化炉棟)

ガイドツアー 　　　要申込

日時＝10月28日(土) 10時30分〜(90分)
定員＝20名
案内人＝山内章暢(大阪市建設局担当係長)

308 御堂筋

御堂筋案内ツアー 　　　要申込

日時＝10月29日(日) ①10時30分〜
　　　②13時30分〜(各60分)
定員＝各20名／案内人＝入谷琢哉(建設局企画部道路空間再編担当課長)

305 阪急電鉄京都線・ 千里線連続立体交差事業

所在地 東淀川区　建設年 工事中

ガイドツアー 　　　要申込

阪急連続立体交差事業 現場見学会

日時＝10月27日(金) 16時〜(60分)
定員＝30名
案内人＝大阪市職員、阪急電鉄社員

307 舞洲スラッジセンター

所在地
此花区
北港白津2-2-7
建設年 2004年

特別公開

日時＝10月28日(土) 10時〜12時／定員＝なし

309 太閤(背割)下水 　府・市指定文化財

所在地 中央区農人橋1-3-3

休日特別見学 　　　要申込

日時＝10月28日(土) ①10時〜 ②11時〜
　　　③12時〜 ④13時〜(各30分)
定員＝各10名

大阪市の都市施設は各プログラムごとに年齢制限や服装・持ち物など参加にあたっての注意事項があります。
ウェブサイトでのお申し込みの際に、各プログラムの注意事項をお読みください。

連携プログラム・関連イベント

イケフェス大阪にあわせて特別に企画いただいた「連携プログラム」や、イケフェス大阪とはひと味違った視点で大阪の魅力を伝える「関連イベント」をご紹介します。
イケフェス大阪と一緒にお楽しみください。

※詳細は、イケフェス大阪公式ホームページまたは、各主催団体のホームページ等でご確認ください。

 洋館ミステリ劇場
江戸川乱歩「闇を這うもの」

日時＝10月14日（土）〜15日（日）
会場＝63 青山ビル（P.49）
主催＝G-フォレスタ
URL＝https://www.facebook.com/youkan.mystery

 御舟かもめ「タテモノクルーズ」

実行委員会の髙岡伸一さんを囲んで水面の目線から中之島の建築をじっくり眺めます。

日時＝①10月22日（日）8:50集合
　　　②11月11日（土）8:50集合
場所＝八軒家浜船着場発着
主催＝御舟かもめ／URL＝https://www.ofune-camome.net

 イケフェス大阪2023
スペシャル書店

イケフェス大阪2023に合わせて、1925年に創業した建築専門雑誌社「新建築社」と、1963年に鹿島建設社長・会長を務めた鹿島守之助が創立した「鹿島出版会」による共同出店です。

日時＝10月28日（土）・29日（日）11時〜16時
場所＝68 オービック御堂筋ビル（P.51）
URL＝https://Ikenchiku.jp/ikefes2023/68

連携

ガス燈灯る三休橋筋
の建築とまちづくり

日時＝10月29日（日）13時30分〜16時
場所＝三休橋筋
（大阪市中央公会堂〜船場センタービル周辺）
主催＝三休橋筋愛好会・三休橋筋商業協同組合
URL＝https://www.facebook.com/sankyubashisuji/

 U-35ギャラリートーク「大阪の建築家たち、U-35と街を語る」

イケフェス大阪2021公式ガイドブックでクローズアップした4組の建築家が語り合います。

日時＝10月29日（日）13時〜15時
場所＝うめきたシップホール（『35歳以下の若手建築家7組による建築の展覧会』会場内）
運営協力＝特定非営利活動法人アートアンドアーキテクトフェスタ／URL＝http://u35.aaf.ac/

連携 スペシャルツアー
日本建築協会 Presents!
三休橋筋を歩く

日時＝10月28日（土）
13時30分〜15時30分
会場＝三休橋筋周辺
主催＝一般社団法人日本建築協会
URL＝https://www.aaj.or.jp/

「建築と社会」1932年7月号より

本書のp.104にて下記のとおり誤りがありました。お詫びして訂正いたします

	（誤）	（正）
	イケフェス大阪2023 スペシャル書店	イケフェス大阪2023 スペシャル書店
	イケフェス大阪2023に合わせて、1925年に創業した建築専門雑誌社「新建築社」と、1963年に鹿島建設社長・会長を務めた鹿島守之助が創立した「鹿島出版会」による共同出店です。	建築専門雑誌社「新建築社」とアートブック専門書店「POST」が共同で創立・運営する「新建築書店」、1963年に鹿島守之助が創立し、今年60周年を迎えた「鹿島出版会」による共同出店です。

6時
時〜16時

連携　天王寺区制100周年記念プレイベント「建築家 村野藤吾と天王寺」

大阪に数多くの作品を残した建築家・村野藤吾。その作品や業績を、彼を支えた天王寺区の企業との関わりとともに紹介します。

展示
日時＝11月15日（水）〜28日（火）10時〜20時
場所＝近鉄百貨店上本町店2階

講演会
日時＝2024年1月6日（土）14時〜（90分）
場所＝天王寺区役所3階講堂

ガイドツアー
日時＝2024年1月21日（日）14時〜
場所＝近鉄百貨店上本町店
115 シェラトン都ホテル大阪（P.76）等
主催＝天王寺区役所／URL＝https://www.city.osaka.lg.jp/tennoji/page/0000604859.html

連携　バレエ パフォーマンス「tension」

張力として、音の緊張感としての表現。バレエとコンテンポラリーダンスを融合させたオリジナル舞踏作品「tension」を、建築家・永田祐三のリッチな空間と中之島の景色を背景に公演します。

日時＝10月28日（土）13時、15時の2回公演（各回約20分）／会場＝32 光世証券本社ビル（P.40）
出演＝杉本音佳、栗生麻希
振付＝村上麻理絵／作曲＝坂田直樹
企画制作＝COTi Inc.／URL＝https://tensio-n.com/

10/28（土）・29（日）のみ、下記の展覧会について、公式ガイドブック2023をご持参いただいた方は当人に限り、200円割引となります。
● 特別展 生誕270年 長沢芦雪 ―奇想の旅、天才絵師の全貌―（2023.10.7〜12.3）
● テート美術館展 光 ― ターナー、印象派から現代へ（2023.10.26〜2024.1.14）

2F図書展示「建築満喫2023」

日時＝9月22日（金）～12月20日（水）
場所＝大阪市立中央図書館
主催＝大阪市立中央図書館
URL＝https://www.oml.city.osaka.lg.jp/index.
php?key=joqaw3d5o-510#_510

おまけ：中央図書館 建物めぐり
大阪市立中央図書館のHP内で、メインアプローチ、
サンクンガーデンなど、さまざまな場所で見られる中央
図書館の意匠やオブジェをご紹介しています。
URL＝https://www.oml.city.osaka.lg.jp/?page_
id=1829

（関連）台湾小箱＠イケフェス大阪

1950年ごろに建てられた美しい坪庭のある商家
gallery&space SIOにて、台湾と建築のZINEと鉄窓
花柄の帆布バッグ、台湾雑貨の販売を行います。金曜
は胡椒餅などの軽食、土日は台湾菓子も販売します。

日時＝10月27日（金）12時～18時30分
　　　10月28日（土）10時～18時30分
　　　10月29日（日）10時～17時
場所＝gallery&space SIO
　　　（大阪市中央区南船場1-3-26）

（関連）中之島ウエスト・
秋ものがたり2023
「中之島まるごとフェスティバル」

日時＝10月14日（土）～22日（日）
場所＝中之島ウエストエリア各施設
主催＝中之島ウエスト・エリアプロモーション連絡会
URL＝https://nakanoshima-west.jp

（関連）ナカノシマ大学 10月講座
「倉方俊輔・髙岡伸一：ついに10年目！
大阪にとってイケフェス大阪とは」

日時＝10月17日（火）18時～19時30分
場所＝ 24 大阪府立中之島図書館（P.37）
URL＝https://nakanoshima-daigaku.net/

（関連）御堂筋グランピング2023・
御堂筋天国マルシェ（仮）

日時＝11月10日（金）～11日（土）
場所＝淀屋橋odona前（御堂筋側）
主催＝（一社）御堂筋まちづくりネットワーク・
三井不動産株式会社・農林中央金庫 大阪支店
URL＝https://www.midosuji.biz/

（関連）第13回オープンナガヤ大阪2023

日時＝11月18日（土）
　　　～19日（日）
主催＝オープンナガヤ大阪
2023実行委員会＋大阪公立
大学長屋保全研究会
URL＝https://www.omu.
ac.jp/life/opennagaya/

関連 船場博覧会2023

関連 なにわ建築フェスタ2023

日時＝11月17日（金）〜23日（木・祝）
場所＝船場地区
主催＝船場博覧会実行委員会
URL＝https://semba-navi.com

日時＝11月11日（土）
場所＝ 2 梅田スカイビル タワーウエスト22階（P.24）
主催＝一般社団法人大阪府建築士事務所協会
URL＝https://www.oaaf.or.jp/

関連 マロニエBIMコンペOSAKA 2023

日時＝11月11日（土）10時30分〜18時15分
※10:35〜11:45 藤本壮介氏による基調講演があります
場所＝ 2 梅田スカイビル タワーウエスト23階（P.24）
主催＝一般社団法人日本建築士事務所協会連合会、一般社団法人大阪府建築士事務所協会
URL＝https://www.oaaf.or.jp/

マロニエBIMコンペ
OSAKA 2023

関連 特別公開「建築物の図面から見る大正・昭和の大阪」

大阪市公文書館が所蔵する大阪城天守閣や、淀屋橋・大江橋などの図面
（一部原本）を展示し、大阪市刊行物掲載の写真や、当館職員の解説も交え
て近代都市化する大正・昭和の大阪市を紹介します。
＊11月1日〜11月8日には、大阪市公文書館秋の展示『博覧会と大阪―公
文書館から見る大阪の近代化―』も開催

日時＝11月3日（金・祝）、4日（土）、5日（日）
　　　　各日の10時30分、13時30分、15時30分の1日3回
　　　　（所要時間15分程度）
場所＝大阪市公文書館 2階会場
主催＝大阪市公文書館
URL＝https://www.city.osaka.lg.jp/somu/page/0000559929.html

#1　天満屋ビル
清水融さん

みんなに愛されていることを
実感できます

ここには木造の事務所があったんです。室戸台風の高潮の被害にあい、1935年に伯父が当時まだ少なかった鉄筋コンクリートのビルを建てました。天満屋という名は、先祖が仕事を始めたのが天満だったからです。私は完成のころはここに住んでいましたが、その後郊外へ引っ越しました。そのあともときどき遊びに来て、思い出がたくさんあります。昔は港運業が盛んだったんですよ。当時は船が直接港に接岸できるところがとても少なくて、「沖繋り」と言って港湾内のブイに係留していました。本船と港の間をたくさんの小型船が行きかい、ラッパのような警笛やエンジン音で、それはそれは賑やかでした。いまの静かな大阪港を見ると、少し寂しい気もします。私が管理をするようになったのは、1996年からです。昔と変わらずこのビルがみんなに愛されていることを実感できて、やっぱりすごく嬉しいですね。

INFO 天満屋ビル →P.95

「生きた建築」の大きな魅力。それは建築に負けないくらい魅力的で、ユニークで、どこか不思議なオーラをまとった名物オーナーの存在。このコーナーでは、オーナーが語る建築やインテリアへの想いをほんの少しご紹介。これを読めば、直接もっと聞いてみたくなるはず。
イケフェス大阪で会いましょう！

ここを残したい
ここから離れたくない

#2
中島弘さん
源ヶ橋温泉浴場

1942年に父親がこの建物を借りて銭湯をはじめました。自分は生まれた時からずっとここに住んでいます。東京に行こうと思った時期もあるけれど、ちょうど父親の具合が悪くなったりして長男の自分が離れるわけにもいかず、出そびれてしまいました。妻は大阪に縁もゆかりもなかったのに自分と結婚して、何十年も大変苦労して一緒にやってきてくれました。2019年に体力がもたなくて銭湯は廃業しましたが、いまでは妻の方がここを残したい、ここから離れたくない、と言っています。国登録有形文化財になって大勢の方が見にきてくれるので、どうにか活用できればと思っています。

INFO 源ヶ橋温泉浴場 →P.77

#3 自分がおもろいと思うことを注入し続けていきたい

心斎橋ビッグステップ 森昭仁さん

1993年、工事中からずっと気になっていたこの建物の仮囲いが撤去されオープンを迎えたとき、その斬新なデザインと、なんとも変な構造と、笑えるくらい贅沢な空間に驚いたのを覚えています。アメリカ村が本格的な商業地、観光地として盛える間、ランドマークとして存在し続けましたが、2000年代に入って来街者の減少が進み、この施設もなくなってしまうのではと思ったこともあります。2013年、いろいろな縁があって弊社が取得をし、緑化計画や全面リニューアル、設備更新などを経て今に至ります。今年はオープン30周年、黒田征太郎さんがアメリカ村のシンボル「PIECE ON EARTH」の壁画を描いてから40年の節目の年となりました。60歳を超えた僕の感覚がどれだけ今の子たちに受け入れられるか分かりませんが、これからも自分がおもろいと思うことを注入し続けていきたいですね。

INFO 心斎橋ビッグステップ →P.70

わたしたちがこの場所を守る理由

生きた建築オーナーインタビュー

#4 堂島サンボア 鍵澤秀都さん

二度と同じものは建てられないのだからより大切に継承していかなくては

戦後、初代の祖父と祖母が1947年にこの場所でバーを再開しました。祖父がこの建物に建て替えたのは1955年です。私は、中学生のころから手伝っていて、大学を出てすぐにカウンターに入りました。祖父は頑固で口数も少なかったので建物の話はあまり聞いたことがありません。見学に来られる方たちは、柱の彫刻や外のタイルなど、私たちがあまり気づかないところに注目してくれます。いまでは簡単には手に入らない貴重な材料を使っていると聞くと、2度と同じものは建てられないのだからより大切に継承していかなくてはと思います。

INFO 堂島サンボア →P.26

Happy Anniversary 2023

今年もイケフェス大阪に参加する多くの組織や建築が、記念すべき年を迎えました。まずは特集記事（P.30）で取り上げたダイビルの創立100周年。1925年完成の大阪ビルヂング（現ダイビル本館）から現在に至るまで、大阪の都市景観を形成する良質なテナントオフィスビルを数多く建ててきた企業です。イケフェス大阪当初からの委員企業でもあります。またこちらも初期から公開に参加してきた、船場の老舗商社である原田産業も創立100周年。建築の設計事務所では、久米設計が昨年の創立90周年に続けて、今年は大阪支社開設70周年を迎えました。

　大阪にとって大きなトピックは、何といっても地下鉄御堂筋線の開通90周年でしょう。大阪初の本格的な都市計画によって計画された御堂筋の大拡幅工事とともに、1930年から工事を開始、幾多の困難を乗り越えながら1933年に梅田の仮駅舎から心斎橋間が開通しました。この大事業は建築の近代化にも影響を与え、御堂筋の拡幅を見越して1923年に堂島ビルヂングが大江橋北詰に完成、そして地下鉄開通に合わせて、淀屋橋と心斎橋にそれぞれ大阪ガスビルと大丸心斎橋店が完成しました。御堂筋では現在、歩道の拡幅工事が進められ、自動車中心の道路から歩行者優先の魅力あるストリートへと生まれ変わろうとしています。

　伝統的な木造の町家建築では、戦災や地震をくぐりぬけてきた船場の大店で、現在は企業博物館として公開されている重要文化財、旧小西家住宅が建設から120年、西成区の街並みに溶け込みながら、ゲストハウスとしてユニークな活動を展開する桃家が110年となりました。その一方で、大阪の近代化に先鞭をつけた中之島の日本銀行大阪支店が、東京の本店に続けて辰野金吾の設計で1903年に完成、船場に残る大正時代の近代建築では、伏見ビルが洋式ホテルとして1923年に建てられています。

　戦後の復興期から高度経済成長期は、今年は数が少なめですが、石井修の初期の作品であるギャラリー再会が70周年、現在の長谷工コーポレーションが長谷川工務店だった時代に手がけた大阪写真会館が60周年です。

　そしていつまでも大阪を代表する現代建築だと思っていた梅田スカイビルやオーガニックビルも、気が付けばもう30年。歴史的な名建築の

側道歩道化工事が進む御堂筋（2023年9月、大丸心斎橋店本館付近）

意匠を継承した超高層ビルとしては、現在も他に例のない大同生命大阪本社ビルも30周年を迎えました。そしてこれもつい最近の出来事だと思っていた、大阪都心部の大規模再開発、ミナミのなんばパークス1期と、キタのグランフロント大阪が仲良く20年と10年。

　現在、日本の建築設計では、古い建築の保存・活用と、豊かな木の資源を用いることが重要なテーマとなっていますが、大阪でいち早くその成果を示した、歩いて5分程度の距離にあるグランサンクタス淀屋橋と日本圧着端子製造株式会社が10年を迎え、その後に続く新時代の建築のイケフェス参加が期待されるところです。

皆さんおめでとうございます！
Happy Anniversary!

● 参加企業・参加建物の周年まとめ

No.	名称	創業年・開設年等	周年	掲載ページ
20	ダイビル株式会社	1923年（大正12）創立	100年	P.35
95	原田産業株式会社	1923年（大正12）創立	100年	P.68
	地下鉄御堂筋線	1933年（昭和8）開通	90年	
82	株式会社久米設計大阪支社	1953年（昭和28）開設	70年	P.56

No.	名称	建設年等	周年	掲載ページ
64	旧小西家住宅史料館	1903年（明治36）	120年	P.49
23	日本銀行大阪支店	1903年（明治36）	120年	P.36
146	桝家	1913年（大正2）	110年	P.97
12	堂島ビルヂング	1923年（大正12）	100年	P.26
62	伏見ビル	1923年（大正12）	100年	P.48
66	大阪ガスビルディング	1933年（昭和8）	90年	P.50
99	大丸心斎橋店本館	1933年（昭和8）	90年	P.69
111	ギャラリー再会	1953年（昭和28）	70年	P.75
94	大阪写真会館	1963年（昭和38）	60年	P.68
2	梅田スカイビル	1993年（平成5）	30年	P.24
97	オーガニックビル	1993年（平成5）	30年	P.69
37	大同生命大阪本社ビル	1993年（平成5）	30年	P.41
108	なんばパークス1期	2003年（平成15）	20年	P.74
49	グランサンクタス淀屋橋	2013年（平成25）	10年	P.45
3	グランフロント大阪	2013年（平成25）	10年	P.24
58	日本圧着端子製造株式会社	2013年（平成25）	10年	P.47

原田産業株式会社 大阪本社ビル

旧小西家住宅史料館

日本銀行大阪支店

桝家

堂島ビルヂング

NEWS

2014年と2015年は大阪市の事業として、そしてそれを受け継ぐかたちで2016年からは任意団体としての実行委員会が、イケフェス大阪を開催してきました。これまでずっと議論を続けてきましたが、より組織を堅固なものにして安定的にイケフェス大阪を開催するため、この度、実行委員会を発展的に解消し、新たに一般社団法人を立ち上げることになりました。法人を立ち上げた後は、イケフェス大阪の開催を軸に、一年を通じてさまざまなツアーやレクチャー、そして建築グッズの制作・販売を展開していく予定です。正式な発表はイケフェス大阪の開催時に。法人化した後も、私たちの活動を引き続きご支援お願いします。

段々とイケフェス大阪も広く認知されるようになって、様々な企画とのコラボレーションも増えています。例えば「モダン建築クロニクル」。近代建築の魅力とその歴史をモチーフにしたイケメンたちが繰り広げるドラマによって、建築を案内する音声ガイドです。京都のモダン建築をテーマにした「モダクロ」の好評を受け、大阪でもお馴染みの大阪市中央公会堂、芝川ビル、そして生駒ビルヂングをモチーフにしたシリーズ第2弾が登場。ディテールにこだわったキャラ設定と人気声優によるストーリー展開に注目です。

モダン建築クロニクル
公式サイト：https://modakuro.com
提供：株式会社Vgo

©モダン建築クロニクル／ Voice Goes On

「Open House Festival 2023」の視察（ロンドン）

実はこの文章は、実行委員会事務局長の髙岡が、ロンドンのホテルで書いています。そう、今年は実行委員会メンバーを中心に、有志参加を加えた総勢30名以上の視察団を組織して、9月6日から始まったOpen House Festival（旧Open House London）を体験しに来ています。名称の変更に合わせて開催期間が週末の2日間から2週間へと大幅に拡張されたロンドン。イケフェス大阪10回目を迎える今年、その原点であるロンドンをあらためて確認すると共に、何が変わったのかを肌で感じたいと思っています。今日もこれからフェスティバルに参加してきます。そのレポートは後でご紹介する「ジャパン・オープンハウスサミット in 大阪」で。

イケフェス大阪が今年もいろいろとパワーアップ

　現在、そのロンドンを中心に、Open House の国際組織であるOpen House Worldwide の輪は、世界50都市以上に広がっていますが、日本の国内もぞくぞくと同様のイベントを開催する都市が増えています。昨年、大阪のおとなりである京都が、京都の建築は寺社仏閣だけではないと「京都モダン建築祭」を開催して大きな話題となりました。そして今年はなんと、神戸でも「神戸モダン建築祭」の開催が決定しました。以前から「京都や神戸でもイケフェスできると思うけど誰かやらないかなぁ」などと話していましたが、まさかこんなに早く実現するとは。もちろんお互いうまく連携しながら、相乗効果で京阪神の建築文化を盛り上げて、関西の秋は「建築の秋」と呼ばれるような、そんな状況をつくっていければと思います。

京都モダン建築祭
2023年11月2日（木）〜12日（日）
公式サイト https://kenchikusai.jp

神戸モダン建築祭
2023年11月24日（金）〜26日（日）
公式サイト
https://www.kobe-kenchikusai.jp/

昨年開催されたジャパン・オープンハウスサミット in 福岡の様子

　昨年、そんな日本のオープンハウスのネットワークを広げていこうと、福岡で開催した「ジャパン・オープンハウスサミット in 福岡」ですが、今年はイケフェス大阪祝10回を記念して、イケフェス大阪のプレイベントとして開催することになりました。福岡、広島、東京、そして大阪のイケフェス大阪とオープンナガヤ大阪の5つの活動が、昨年のイケフェス大阪参加で話題になった、永田祐三設計の光世証券本社ビルに集まります。さらにゲストとして、京都と神戸の両モダン建築祭の実行委員会もお招きし、それぞれの活動と今後の連携などについて議論します。そして海外の視察報告として、ロンドンとシカゴのレポートもご紹介する予定。参加無料ですので、ぜひご参加ください。

イケフェス大阪開催10回記念　ジャパン・オープンハウスサミット in 大阪
日時＝2023年10月27日（金）18:00開場受付、18:30開演、20:30終了予定
出演者＝橋爪紳也、倉方俊輔（生きた建築ミュージアム大阪実行委員会）
　　　　小池志保子（オープンナガヤ大阪実行委員会）
　　　　和田菜穂子（一般社団法人 東京建築アクセスポイント）
　　　　高田真（ひろしまたてものがたりフェスタ実行委員会）
　　　　松岡恭子（NPO法人 福岡建築ファウンデーション）
ゲスト＝笠原一人（京都モダン建築祭実行委員会）
　　　　松原永季（神戸モダン建築祭実行委員会）
参加方法＝当日会場にて先着順100名受付・参加無料
会場＝ 32 光世証券本社ビル 11階GTホール（P.40）　大阪市中央区北浜2-1-10

生きた建築ミュージアム大阪
実行委員会

大阪市では、2013年度に、まちをひとつの大きなミュージアムと捉え、そこに存在する「生きた建築」を通して大阪の新しい魅力を創造・発信する取組み（生きた建築ミュージアム事業）を開始しました。その一環として、2014・2015年度に開催された大阪発・日本最大級の建築公開イベント「生きた建築ミュージアムフェスティバル大阪（イケフェス大阪）」は、建築を通じて、多くの方々に大阪の新しい魅力に触れていただく貴重な機会となりました。

「生きた建築ミュージアム大阪実行委員会」は、この取り組みをさらに発展させることを目的として、建物所有者をはじめとする民間企業、専門家、大阪市等が協力・連携し、2016年7月20日に発足した組織です。実行委員会は「イケフェス大阪」を主催するほか、建物所有者や関係者の方々のご協力を頂きながら、「生きた建築」を通した新しい大阪の都市魅力の創造・発信をめざして、様々な活動を展開しています。

委員一覧

委員長

橋爪 紳也　　大阪公立大学 研究推進機構 教授

副委員長

嘉名 光市　　大阪公立大学大学院 工学研究科 教授

委員

倉方 俊輔　　大阪公立大学大学院 工学研究科 教授

指田 孝太郎　株式会社日建設計 シニア上席理事

佐野 吉彦　　株式会社安井建築設計事務所 代表取締役社長

芝川 能一　　千島土地株式会社 代表取締役名誉会長

對中 秀樹　　ダイビル株式会社 取締役常務執行役員

髙岡 伸一　　近畿大学 建築学部 准教授

田中 雅人　　大阪ガス株式会社 大阪・北部統括支配人

村川 洋一　　株式会社竹中工務店 顧問

村田 俊彦　　株式会社大林組 取締役 副社長執行役員 大阪本店長

米井 寛　　　株式会社東畑建築事務所 代表取締役社長

上村 洋　　　大阪市都市整備局長

監事

奥村 太朗　　弁護士

原 繭子　　　公認会計士

実行委員会のロゴマークについて

OSAKAの「O」と木の「年輪」とを掛け合わせたシンボルマーク。抽象的に図案化した年輪を矩形と組み合わせることで、「生きた建築」を想起させるデザインになっています。歴史を刻む生きた建築が開かれることで街に人の動き・つながりの輪ができ、それが広がっていくような意味合いを込めました。

またロゴタイプには、日本を代表する書体メーカーで、1924年創業で大阪に本社を構えるモリサワが、1955年に初めて発表したオリジナル書体文字の「ゴシックBB1」を用いることで、「生きた建築」が大阪初のムーブメントであることを表現しています。

アートディレクション＝後藤 哲也
シンボルマークデザイン＝山内 庸資
タイプフェイス＝ゴシックBB1（モリサワ）

大阪ガス　Daigas Group

 大林組

ダイビル株式会社

想いをかたちに 未来へつなぐ
TAKENAKA

千島土地株式会社

東畑建築事務所
TOHATA ARCHITECTS & ENGINEERS, INC.

NIKKEN
EXPERIENCE, INTEGRATED

安井建築設計事務所

協賛

大阪R不動産
― REAL OSAKA ESTATE ―

京阪神ビルディング株式会社

まじめに、まっすぐ
KONOIKE

子どもたちに誇れるしごとを。
SHIMIZU CORPORATION
清水建設

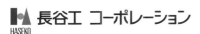

大成建設
For a Lively World

辰野株式会社

株式会社アートアンドクラフト   株式会社140B   大林新星和不動産株式会社

株式会社サンケイビル   株式会社TAKプロパティ   一般社団法人日本建築協会

生きた建築ミュージアムフェスティバル大阪2023 公開協力企業・団体等一覧（順不同）

株式会社昭和設計

積水ハウス株式会社,
積水ハウス梅田オペレーション株式会社

グランフロント大阪

大阪ターミナルビル株式会社

ニュージャパン観光株式会社

富国生命保険相互会社,
三菱地所プロパティマネジメント株式会社

株式会社サンケイビル

マヅラ

King of Kings

堂島サンボア

遠藤秀平建築研究所,
日本建築設計学会, 都窯業株式会社

株式会社堂島ビルヂング

住まい情報センター（大阪くらしの今昔館）

医療法人医誠会,
株式会社シアターワークショップ

ミナミ株式会社

日本基督教団天満教会

大阪弁護士会

朝日放送グループホールディングス
株式会社

大阪中之島美術館

ダイビル株式会社

三井不動産株式会社,
三井不動産ビルマネジメント株式会社

朝日新聞社, 株式会社朝日ビルディング,
公益財団法人香雪美術館

日本銀行大阪支店

大阪府立中之島図書館指定管理者
ShoPro・長谷工・TRC共同事業体

大阪市中央公会堂指定管理者
サントリーパブリシティサービスグループ

株式会社北村商店,
kt一級建築士事務所

ジオ-グラフィック・デザイン・ラボ

株式会社大林組

オクシモロン北浜

株式会社大阪取引所,
平和不動産株式会社

北浜レトロ株式会社

光世証券株式会社

株式会社浦辺設計

住友商事株式会社,
住商ビルマネジメント株式会社

大同生命保険株式会社

co-ba nakanoshima（クラブリバーサイ
ド）, きりう不動産信託株式会社

リーガロイヤルホテル

株式会社大阪国際会議場

日本基督教団大阪教会

コダマビルディング

今橋ビルヂング, ダルポンピエーレ,
吉川工業株式会社

一般社団法人大阪倶楽部

淀屋橋竹村ビル, 株式会社豆新本店

日本生命保険相互会社

コホロ ELMERS GREEN
コーヒーカウンター

新井株式会社（新井ビル）

株式会社安井建築設計事務所

株式会社三井住友銀行

株式会社東畑建築事務所

日本基督教団浪花教会

千島土地株式会社

株式会社三菱UFJ銀行

株式会社日本設計

日本圧着端子製造株式会社,
Atelier KISHISHITA

田辺三菱製薬株式会社

公益財団法人武田科学振興財団,
武田薬品工業株式会社

日本精工硝子株式会社

伏見ビル

大阪住宅株式会社

コニシ株式会社

株式会社生駒ビルヂング

大阪ガス株式会社

小川香料株式会社

鹿島建設株式会社,
株式会社鹿島出版会,
株式会社新建築社

アートアンドクラフト

桃谷順天館グループ桃井商事株式会社

大塚製薬株式会社

フジカワビル株式会社, 丸一商店,
株式会社橋爪総合研究所,
嵯峨御流いけばな教室rime flower

一般社団法人日本綿業倶楽部

株式会社輸出繊維会館

株式会社日建設計

本願寺津村別院（北御堂）

株式会社竹中工務店,
株式会社TAKプロパティ,
株式会社アサヒファシリティズ,
公益財団法人竹中大工道具館,
一般社団法人御堂筋まちづくりネットワーク

大阪商工会議所

β本町橋

公益財団法人山本能楽堂

大阪商工信用金庫

株式会社久米設計

オリックス株式会社

株式会社大阪市開発公社

株式会社遠藤克彦建築研究所

株式会社住友倉庫

日本聖公会川口基督教会

大阪府立江之子島文化芸術創造
センター

丸二商事株式会社

株式会社井池繊維会館,
合資会社マッドシティ/みんなの不動産

三木楽器株式会社

長瀬産業株式会社

パンとエスプレッソと堺筋倶楽部

株式会社共進ビルド，BMC，
株式会社プレステージジャパン，
株式会社大阪写真会館，
Time & Style Osaka

原田産業株式会社

株式会社大阪農林会館

近鉄不動産株式会社，
株式会社小倉屋山本

株式会社大成閣

株式会社大丸松坂屋百貨店・
大丸心斎橋店

心斎橋ビッグステップ，
大阪屋通商株式会社

株式会社浪花組

自安寺

株式会社食道園

株式会社播重

BAR川名

日本橋の家

株式会社高島屋

南海電気鉄道株式会社，
南海不動産株式会社

株式会社モリサワ

一心寺

ギャラリー再会

通天閣観光株式会社

ARCHITEKTON -the villa tennouji-，
SUGA ATELIER ／ スガショウタロウ

西光寺

シェラトン都ホテル大阪，
株式会社近鉄・都ホテルズ，
近鉄不動産株式会社

久金属工業株式会社

寺田町プレイス1，
株式会社地域計画建築研究所

源ヶ橋温泉浴場

株式会社鯛よし百番，
株式会社サミット不動産

公益財団法人藤田美術館

株式会社Plan・Do・See
（ザ・ガーデンオリエンタル・大阪）

光井純アンドアソシエーツ
建築設計事務所株式会社

京阪ホールディングス株式会社，
京阪建物歌株式会社

鶴身印刷所

大阪城パークマネジメント株式会社

大阪府庁本館

大阪歴史博物館

公益財団法人大阪国際平和センター

東急不動産株式会社

株式会社 日ノ下商店，無有建築工房

design SU 一級建築士事務所＋
YAP一級建築士事務所

一般社団法人リビングヘリテージデザイン

森ノ宮医療大学

西尾レントオール株式会社

ミズノ株式会社

ATC（アジア太平洋トレードセンター
株式会社）

グランドプリンスホテル大阪ベイ

天満屋ビル

中谷運輸株式会社

日本基督教団南大阪教会

寺西家阿倍野長屋

玉出 税家（うだつや）

グランドサロン十三

株式会社鴻池組

鶴見緑地指定管理
鶴見緑地スマイルパートナーズ

大阪公立大学

大和リース株式会社

公益財団法人大阪府文化財センター

中央工学校OSAKA

大阪大学総合学術博物館

関西大学

福井清商店

株式会社NTTファシリティーズ，
近畿大学

大阪府立狭山池博物館

STUDIO A＆a

大阪市建設局

大阪府西大阪治水事務所

一般財団法人 都市技術センター

株式会社明治大理石

空間計画株式会社，
THNK一級建築士事務所

一般財団法人おおさか創造千島財団

G-フォレスタ

御舟かもめ

三休橋愛好会

三休橋筋商業協同組合

一般社団法人日本建築協会

大阪市立中央図書館

大阪市立公文書館

中之島ウエストエリアプロモーション

オープンナガヤ大阪2023実行委員会

大阪公立大学長屋保存研究会

船場博覧会実行委員会

一般社団法人大阪府建築士事務所協会

一般社団法人緒方洪庵記念財団

その他大勢の'生きた建築'に関わる
みなさん

イケフェス大阪2023 インフォメーション

日時

2023年10月28日（土）10時〜17時
29日（日）10時〜16時

場所

56 三菱UFJ銀行大阪ビル本館
1階ギャラリーラウンジ

中央区伏見町3-5-6 **MAP** P.29
大阪メトロ御堂筋線 淀屋橋駅11号出口
※メインイベント期間中のみの特設インフォメーションです。
開設時間にご注意ください。

インフォメーション特設電話番号

070-4286-0445

（イケフェス大阪2023開催事務局）

※特設電話はつながりにくい場合がございます。
また、上記日時以外はつながりません。

イケフェス大阪2023に関するお問合せ

📞 Tel: 06-4301-7285
大阪市総合コールセンター［年中無休／8時〜21時］

✉ E-mail: info@ikenchiku.jp
生きた建築ミュージアム大阪実行委員会

※電話はつながりにくい場合もございます。ご容赦ください。
※上記では、プログラムの参加申込・キャンセルは一切受付けて
おりません。

参加者アンケートにご協力ください

イケフェス大阪2023参加者アンケートにご協力ください。
スマートフォン、パソコンで簡単に回答いただけます。

● 公式ホームページ

| イケフェス大阪　アンケート | で

メイン期間中は、インフォメーションセンター他で回答用
紙もご用意しております。
みなさんの声をお待ちしております！

※メイン期間中に、インフォメーション **56** にて、「記入した回答用
紙の提出」もしくは「送信ボタンを押した後に表示される画面」を
提示いただきますと、各日先着100名様に「大阪証券取引所ビル
特製ペーパークラフト（非売品）」をプレゼントいたします。

みなさんのサポートをお待ちしています

イケフェス大阪を中心とした実行委員会の活動は、みなさん
のサポートで成立しています。ボランティアの登録、ご寄付・
協賛はいつでも受付けています。
大阪の建築文化の発展、建築を通した都市魅力の発信に
向け、みなさんのご支援をよろしくお願い申し上げます。

● 公式ホームページ

| イケフェス大阪　ボランティア | または

| イケフェス大阪　寄付・協賛 | で 検索

公式ホームページ
https://ikenchiku.jp

X（旧twitter）でも情報発信中！ @ikitakenchiku